Segurança e Privacidade na Rede: O "Pugilato Cibernético"

RONALDO BACH DA GRAÇA

Livraria & Editora Senac-DF,
Brasília – DF,
2019

SENAC • Serviço Nacional de Aprendizagem Comercial – DF

PRESIDENTE DO CONSELHO REGIONAL
Luiz Gastão Bittencourt da Silva

DIRETOR REGIONAL
Eládio Asensi Prado

EDITORA SENAC DISTRITO FEDERAL

Coordenador
Eládio Asensi Prado

Editora-chefe
Bete Bhering
(mariabh@df.senac.br)

Livreiro-Chefe
Antonio Marcos Bernardes Neto
(marcos@df.senac.br)

Coordenação Editorial
Gustavo Coelho
(gustavo.souza@df.senac.br)

EQUIPE DA EDITORA
Bete Bhering, Gustavo Coelho,
Nair Ofuji e Nadyne de Codes

EDITORA SENAC-DF
SIA Trecho 3, lotes 625/695,
Shopping Sia Center Mall - Loja 10
CEP 71200-030 - Guará - DF |
Telefone: (61) 3313.8789
e-mail: editora@senacdf.com.br
home page: www.editora.senacdf.com.br

CONSELHO EDITORIAL

Ana Beatriz Azevedo Borges
Antônio Marcos Bernardes Neto
Carlos Humberto Spézia
Luiz Carlos Pires de Araújo
Murillo Alencar Bezerra
Paulo Henrique de Carvalho Lemos
Thales Pereira Oliveira
Verônica Theml Fialho Goulart
Viviane Rassi

NESTA EDIÇÃO

Capa
Gustavo Coelho

Projeto gráfico e diagramação
Gustavo Coelho

Revisão
Demerval Fernandes Dantas
João Gabriel Álvares

Revisão de prova
Nair Ofuji

Copyright © by Ronaldo Bach da Graça
Todos os direitos desta edição
reservados à Editora Senac-DF.
Editora Senac Distrito Federal, 2019.

FICHA CATALOGRÁFICA

B118p

    Graça, Ronaldo Bach.

       Segurança e privacidade na rede: o "pugilato cibernético"/
Ronaldo Bach - Brasília: SENAC, 2019.
160 p.
ISBN: 978-85-62564-76-5

    1. Defesa cibernética. 2. Direito à privacidade. 3. Crime cibernético. 4. Pugilato cibernético. 5. Risco na sociedade em rede. I. Título.

                                                    CDU 004.056

Lidiane Maia dos Santos – Bibliotecária – CRB 2284/DF

"Não perca mais tempo com o que não faz a vida valer a pena".

Eugênio Jorge

AGRADECIMENTOS

Agradeço a Deus, a minha família (em especial meus pais), aos amigos, aos professores Carlos Augusto Ayres de Freitas Britto, Maria Edelvacy Pinto Marinho, Jefferson Carús Guedes, Márcio Nunes Iório Aranha Oliveira, Antonino dos Santos Guerra Neto. Aos amigos da Assessoria para Contratos de Defesa (ACODE) e a todos os demais que contribuíram, de alguma forma, com o presente trabalho – e não são poucos. Muito obrigado!

Agradeço, ainda, aos que investiram e investem seu tempo lendo o presente estudo. É meu desejo que ele contribua para um mundo melhor.

A todos, paz e bem!

NOTA DO AUTOR

A presente obra é baseada nas pesquisas que realizei durante o curso de mestrado acadêmico em Direito e Políticas Públicas, e que se consolidaram em minha dissertação de mestrado, na qual se inaugurou o termo "pugilato cibernético": uma expressão que, se espera, torne mais compreensível o termo "guerra cibernética", visto que essa independe de declaração formal de guerra e acontece todo o tempo, inclusive agora. Este livro, bem como o trabalho acadêmico que o antecedeu, não pretendeu abordar temas como a indesejável – ao menos para mim – tendência de que o modelo da internet migre para diversas "intranets" a fim de aumentar o controle da jurisdição estatal na internet; ou a recente regulamentação da privacidade na rede da União Europeia ou nos Estados Unidos. A obra, não obstante, oferece ao leitor subsídios para debater esses e outros assuntos conexos.

Tampouco me detive demoradamente em assuntos como a governança da internet, em que a ICANN (Internet Corporation for Assigned Names and Numbers) e outras instituições que gozam de poder político e econômico acabam por ter influência sobre o pugilato cibernético. Por certo, toda a estrutura física da internet, a forma como os problemas são solucionados e a intervenção euro-americana na governança impactam as disputas pelo ciberespaço, influenciando a própria legislação. No cerne desse campo de forças está, entretanto, realidade inexorável de que a internet não respeita fronteiras territoriais e não tem "donos", mas possui "importantes influenciadores". Um dos indícios de mudança na governança que certamente vai impactar o modelo da rede é a diminuição do investimento estadunidense na ICANN e os esforços que a União Europeia tem empreendido para aumentar sua ascendência política na rede.

Na periferia dessa disputa, mesmo países economicamente desenvolvidos – a exemplo da Coréia do Sul, Japão e até a China – ainda interferem pouco a governança da rede mundial. Tal fato parece lógico: a maior influência estratégica na rede mundial de computadores é capitaneada por aqueles que nela mais investiram e investem.

Poucos entendiam, há algumas décadas, o impacto da internet na vida das pessoas em geral. Os Estados aprioristicamente não deram a devida atenção à rede mundial por diversas razões. A governança da internet, com isso, passou a ser alvo de regulação estatal tardia. No Brasil, a ANATEL (Agência Nacional de Telecomunicações) tenta hoje preencher espaço já ocupado pelo CGI.br (Comitê Gestor da Internet no Brasil) e seus congêneres; em nível mundial, a UIT (União Internacional de Telecomunicações) almeja o espaço antes preenchido pela ICANN e afins. O quadro atual é o prenúncio de mais mudanças, que continuarão a impactar o pugilato cibernético.

Espero que a leitura seja bastante agradável e útil. E que ajude a sociedade brasileira a viver em um país mais esclarecido, justo e desenvolvido.

O conhecimento é libertador. Paz e bem!

O autor

APRESENTAÇÃO

A Editora Senac-DF vem, mais uma vez, apresentar aos leitores um título inédito, desafiador e atual, que domina as mídias e o coletivo das mentes que se debruçam sobre os temas da segurança cibernética.

Sabe-se que as redes de computadores integram praticamente todas as relações desenvolvidas no dia-a-dia da sociedade, desde simples conversas informais por aplicativos, até o controle dos mais importantes sistemas estratégicos.

Se, por um lado, crescem as possibilidades de integração de pessoas e instituições pela mitigação dos limites fronteiriços, por outro, são cada vez maiores os riscos inerentes às relações em rede, que inauguram um espaço paralelo – o ciberespaço – praticamente indiferente à jurisdição dos Estados.

Neste livro, o autor, do alto de sua experiência na capacitação de recursos humanos em Guerra Eletrônica no Exército Brasileiro, faz um mergulho no universo cibernético, abordando simultaneamente as repercussões para o indivíduo e para a coletividade. No âmbito individual, são inquietantes as reflexões propostas sobre o binômio privacidade e segurança, trazendo à tona o preço da privacidade. O cidadão é tomado como o centro das políticas públicas de segurança cibernética; no entanto, ao mesmo tempo em que se preserva a privacidade da pessoa, faz-se necessário coletar dados para que sua proteção seja efetiva.

E é justamente esse o ponto mais inquietante da obra: com linguagem única, Ronaldo Bach compartilha dados para mostrar que a guerra cibernética ocorre permanentemente, sem decretação de estado de exceção, nem declaração de conflitos entre países. Em virtude das particularidades dessa nova forma de "guerra", o autor cunhou o termo "pugilato cibernético" para dar ao leitor noção da singularidade do fenômeno que vivenciamos. Os ataques cibernéticos acontecem diariamente, atingindo até mesmo chefes de Estado e empresas transnacionais.

Apresenta, também, o despertar do governo brasileiro para a importância de reação às ameaças do ciberespaço. Descreve o aparelhamento estatal utilizado para tentar combater em um terreno que desrespeita os limites territoriais.

Amparado, ainda, por sua visão e experiência como jurista e mestre em Direito, Ronaldo Bach revela a importância da segurança cibernética, mediante a constatação de que a jurisdição nacional pode não alcançar eventuais causadores de danos, ou sequer identificá-los, o que dificulta o efetivo alcance das decisões judiciais no ambiente da rede mundial de computadores, indiferente às fronteiras nacionais.

O livro é indicado para pesquisadores, órgãos governamentais, estudantes e profissionais das áreas de TI, Jurídica, Políticas Públicas, e demais interessados no assunto.

Bete Bhering
Editora-chefe

PREFÁCIO

Foi com alegria que recebi o honroso convite para prefaciar a presente obra. O conteúdo já me era familiar, pois tive oportunidade de debatê-lo quando compus a banca de dissertação de mestrado do Ronaldo Bach da Graça, na qual este livro foi inspirado.

De leitura fácil e agradável a leitores de diversas áreas do conhecimento, o texto desenha um panorama – por vezes, estarrecedor – das relações travadas no espaço virtual, apresentando dados que nos convidam a reavaliar o nível de (des)proteção a que estamos submetidos. Fato é que nenhum indivíduo que partilha, ainda que discretamente, das benesses proporcionadas da revolução das telecomunicações está imune aos riscos apontados pelo autor, seja no âmbito privado, seja na coletividade em que se insere.

A dicotomia entre o direito à privacidade e a segurança cibernética é um dos pontos centrais desta obra. Inspirado por sua vivência profissional em setores do Exército Brasileiro precursores da capacitação em guerra cibernética, o autor consegue transitar por áreas técnicas bastante distintas, transcendendo a análise meramente jurídica do assunto. Ao abordar aspectos como os limites da jurisdição e a necessidade de uma defesa cibernética técnica, Ronaldo Bach coloca em cheque mais do que a proteção que o Estado é capaz de proporcionar aos seus cidadãos, levando-nos a questionar qual nível de proteção essas pessoas desejam. O direito à privacidade é indubitavelmente uma conquista civilizatória vital para o ser humano, todavia, a garantia de direitos mais básicos, como a liberdade e a própria vida, podem depender da relativização de prerrogativas mediatas, como a privacidade.

De forma ímpar, a obra trata do fenômeno mais conhecido como guerra cibernética. Esta "guerra" sobre a qual Ronaldo Bach discorre com propriedade, porém, não reserva para si muitos dos caracteres formais das guerras tradicionais, como a limitação no espaço e no tempo. A despeito dos efeitos igualmente desastrosos que a "guerra cibernética" pode causar a nações inteiras, o autor julgou mais adequado designá-la como "pugilato cibernético", a fim de comunicar a ideia de continuidade que permeia os conflitos no ciberespaço.

Despojando-se do linguajar peculiar tanto do meio jurídico quanto do meio acadêmico, a obra suscita reflexões sobre temas interdisciplinares, perpassando questões como a relação do pugilato cibernético com a inovação tecnológica e a compreensão do Poder Judiciário sobre a relevância de ativos típicos de uma sociedade que passou a depender da confiabilidade de suas ferramentas digitais para prestar as garantias constitucionais.

Recomendo a leitura desta obra a estudantes, profissionais e mesmo aos curiosos que estão abertos ao "novo", para que comunguem destas e outras preocupações, a fim de que se possa construir uma base teórica apta a situar o futuro no ciberespaço.

Prof. Marcio Iorio Aranha

Professor da Faculdade de Direito da Universidade de Brasília e Diretor do Centro de Direito, Políticas, Economia e Tecnologias das Comunicações da UnB.

LISTA DE ABREVIATURAS

ADI – Ação Direta de Inconstitucionalidade

Art. – artigo

BNDES – Banco Nacional do Desenvolvimento Econômico e Social

CADE – Conselho Administrativo de Defesa Econômica

CComGEx – Centro de Comunicações e Guerra Eletrônica do Exército

CDCiber – Centro de Defesa Cibernética

CDMA – *code division multiple access* (acesso múltiplo por divisão de código)

CEO - sigla inglesa de *Chief Executive Officer*, Diretor Executivo em Português.

CR e CR/88 – Constituição da República Federativa do Brasil de 1988

CGI – Comitê Gestor da Internet

CIGE – Centro de Instrução de Guerra Eletrônica

CNN – *Cable News Network* (canal de notícias estadunidense)

CTI – Centro de Tecnologia da Informação

DARPA – Defense Advanced Research Projects Agency of the U.S.

DCT – Departamento de Ciência e Tecnologia

EB – Exército Brasileiro

END – Estratégia Nacional de Defesa

ENGESA - Engenheiros Especializados S/A (extinta)

FBI - *Federal Bureau of Investigation* ou Agência Federal de Investigação em português

GCHQ – *Government Communications Headquarters* (quartel-general de comunicações do governo inglês)

GCiber – guerra cibernética

GE – guerra eletrônica

GLO – Garantia da Lei e da Ordem

GPS – *global position system* (sistema de posicionamento global)

HC – *habeas corpus*

ICANN – *Internet Corporation for Assigned Names and Numbers* (Corporação da Internet para Designação de Nomes e Números)

ICT – Instituição Científica e Tecnológica

IFSC – Instituto Federal de Santa Catarina

IOS – *iPhone operating system* (sistema operacional do iPhone)

MC – medida cautelar

MCTI – Ministério da Ciência, Tecnologia e Inovação

MD – Ministério da Defesa

MDIC – Ministério do Desenvolvimento, Indústria e Comércio Exterior

MS – mandado de segurança

NSA – *National Security Agency* (Agência de Inteligência Americana)

OCDE – Organização para a Cooperação e Desenvolvimento Econômico

P&D – pesquisa e desenvolvimento

RE – recurso extraordinário

REsp – recurso especial

S. A. – Sociedade anônima

SIGINT – *signal intelligence* (inteligência de sinais)

SIMOC – Simulador de Operações Cibernéticas

STF – Supremo Tribunal Federal

STJ – Superior Tribunal de Justiça

STM – Superior Tribunal Militar

TIC – tecnologia da informação e comunicação

TRF – Tribunal Regional Federal

v. g. – *verbi gratia*

Sumário

INTRODUÇÃO 17

1. **RISCOS INERENTES À SOCIEDADE EM REDE DECORRENTES DO USO DO CIBERESPAÇO** 31
   1.1 Riscos estratégicos: ameaça à segurança do Estado 33
   1.2 Riscos individuais: ameaça de privação de serviços públicos e de direitos fundamentais.. 40
   1.3 Riscos para empresas e empreendedores 49

2. **O PUGILATO CIBERNÉTICO E O DIREITO À PRIVACIDADE** 55
   2.1 O direito à privacidade como uma conquista civilizatória 64
   2.1.1. A privacidade na era da internet 68
   2.1.2. A privacidade sob a perspectiva normativa 72
   2.1.3. A privacidade sob a visão jurisprudencial 77
   2.1.4. Estudo de caso: ADI 3059 MC / RS 81
   2.2 Os limites entre o direito à privacidade e o pugilato cibernético 85

3. **O DESAFIO JURÍDICO DE LIDAR COM O PUGILATO CIBERNÉTICO** 93
   3.1 Contexto normativo global 95
   3.1.1. A defesa cibernética no Ministério da Defesa brasileiro 99
   3.1.2. O pugilato cibernético e o Direito Digital 104
   3.2 O pugilato cibernético: entre a centralidade individual e a coesão social ... 107
   3.2.1. A defesa das empresas frente ao pugilato cibernético 108
   3.2.2. O Direito Digital e a busca pela coesão social 110
   3.2.3. O Estado Regulador e sua contribuição para a coesão social 112

4. **A MITIGAÇÃO DE RISCOS ORIUNDOS DO PUGILATO CIBERNÉTICO POR MEIO DE POLÍTICAS PÚBLICAS** 115
   4.1 A necessidade de aparelhamento do Estado no setor cibernético 116
   4.2 Políticas públicas voltadas para inovação e tecnologia 120
   4.3 Estudo de caso: o antivírus brasileiro e sua utilidade no contexto do pugilato cibernético ... 126
   4.3.1. Tecnologias desejáveis ao êxito no pugilato cibernético 130
   4.3.2. Oportunidades decorrentes do investimento realizado 132
   4.3.3. Do fomento à inovação na defesa 133

CONCLUSÃO 137

REFERÊNCIAS BIBLIOGRÁFICAS 145

INTRODUÇÃO

Atualmente, a segurança das pessoas, ou mesmo do Estado, pode ser ameaçada em uma dimensão que não existia há algumas décadas: o ciberespaço, criado pela interconexão de redes de computadores, que permeiam de serviços básicos até sistemas estratégicos. O ciberespaço tornou-se, também, um novo teatro de operações de guerra: uma forma contemporânea de combate que pode ocorrer a qualquer momento, mesmo em contextos aparentemente pacíficos. Em casos de guerra declarada, nos moldes tradicionais, o Estado pode usar toda a sua estrutura para combater. A guerra cibernética, porém, não vem acompanhada de uma declaração formal, por meio da qual se conheceriam os envolvidos no conflito. Outro fator que dificulta a compreensão das hostilidades no ciberespaço é que elas não acontecem necessariamente entre dois Estados constituídos: essa forma de guerra pode ter início, por exemplo, em grupos organizados de terroristas ou ativistas espalhados pelo mundo.

Tendo em vista que as batalhas no ciberespaço independem de uma situação de guerra declarada e possuem características que as diferenciam das formas tradicionais de combate, optou-se pelo termo pugilato cibernético[1]. Essa expressão busca retratar que as diversas formas de ataque cibernético são uma constante nos dias atuais, bem como possuem diversas intensidades e possibilidades de causar danos, seja no âmbito privado, seja no particular, independentemente da situação declarada – paz, crise ou guerra. Não iremos abordar polêmicas de nomenclatura, a exemplo da indefinição de qual o melhor termo técnico para se referir ao pugilato cibernético: se guerra cibernética, guerra informática ou guerra virtual, ou, ainda, guerra de computadores . O pugilato cibernético abarca os termos ratificados pelo Decreto nº 6.703/2008, que aprovou a Estratégia Nacional de Defesa (END), confirmando o entendimento do Ministério da Defesa (MD) acerca do tema.

O significado de guerra cibernética está relacionado ao uso de computadores em rede para alcançar vantagens, conforme conceito adotado pelo MD, qual seja:

> (...) *o conjunto de ações para uso ofensivo e defensivo de informações e sistemas de informações para negar, explorar, corromper ou destruir valores do adversário, baseados em informações, sistemas de informações e redes de computadores. Essas ações são elaboradas para obtenção de vantagens tanto na área militar, quanto na área civil*[2].

---

1. A palavra pugilato, por si só, significa luta com os punhos, a socos ou murros. A escolha pelo termo foi inspirada pelo Prof. Carlos Ayres Britto, que orientou a dissertação de mestrado inspiradora desta obra, como forma alternativa à guerra cibernética, já que o fenômeno que estamos estudando é bem distinto do que nos acostumamos a entender como "guerra", pelos motivos expostos ao longo do texto.
2. BRASIL. *Portaria Normativa nº 196/EMD/MD, de 22 de fevereiro de 2007*. MD35-G-01. 2007.

Ainda que a guerra cibernética possa ser um evento entre Estados[3], a definição proposta pelo MD é mais abrangente e, por isso, adequa-se melhor à realidade, pois qualquer ataque cibernético que ponha em risco a segurança nacional merece vigilância e pronta resposta. A expressão "guerra cibernética" ganhou popularidade, especialmente, entre os militares. Para o público em geral, no entanto, pode soar estranho usar o termo "guerra" para atividades que, inclusive, em tempo de paz, sem uma declaração formal de guerra. Esse foi outro fator que contribuiu para que se adotasse um novo termo – pugilato – para um novo conceito de conflito.

O termo "pugilato" engloba períodos de exceção – previstos na Constituição da República de 1988[4] – e, também, períodos em que o País não esteja envolvido em conflitos armados em seu território. Essa consideração territorialista decorre da postura internacional do Brasil: sua estratégia bélica se volta para a defesa do território, o que faz com que, ainda que haja tropas brasileiras empregadas em áreas de conflito – atualmente na África, por exemplo –, o momento atual seja considerado de paz.

Mesmo em tempo de paz, é necessário assegurar o uso das redes de computadores na jurisdição do Estado brasileiro, segundo normas e os padrões estabelecidos, valendo-se de técnicas de monitoração da rede ou de postura mais ativa, quando assim for necessário. Em regra, trata-se de atividade de mera vigilância, que busca assegurar o uso das redes dentro dos limites da lei e da boa convivência no espaço virtual.

---

3. A esse respeito, uma definição de guerra cibernética como evento entre Estados pode ser encontrada em CLARKE, Richard A. *Cyberwar*: The Next Threat to National Security and What to do About It. New York: Ed. Ecco, 2012.
4. Os estados de exceção previstos na Constituição da República de 1988 (intervenção, estado de defesa, estado de sítio), quando ocorrem, podem mitigar alguns direitos e garantias assegurados, em regra, àqueles sob jurisdição brasileira com a finalidade de que sejam atendidas necessidades na forma do texto constitucional *infra*:
Art. 34. A União não **intervirá** nos estados nem no Distrito Federal, exceto para (...)
Art. 136. O Presidente da República pode, ouvidos o Conselho da República e o Conselho de Defesa Nacional, decretar estado de defesa para preservar ou prontamente restabelecer, em locais restritos e determinados, a ordem pública ou a paz social ameaçadas por grave e iminente instabilidade institucional ou atingidas por calamidades de grandes proporções na natureza. (...)
I - restrições aos direitos de:
a) reunião, ainda que exercida no seio das associações;
b) sigilo de correspondência;
c) sigilo de comunicação telegráfica e telefônica; (...)
Art. 137. O Presidente da República pode, ouvidos o Conselho da República e o Conselho de Defesa Nacional, solicitar ao Congresso Nacional autorização para decretar o estado de sítio nos casos de:
I - comoção grave de repercussão nacional ou ocorrência de fatos que comprovem a ineficácia de medida tomada durante o estado de defesa;
II - declaração de estado de guerra ou resposta a agressão armada estrangeira. (...)
Art. 138. O decreto do estado de sítio indicará sua duração, as normas necessárias a sua execução e as **garantias constitucionais que ficarão suspensas**, e, depois de publicado, o Presidente da República designará o executor das medidas específicas e as áreas abrangidas. (...) (grifo nosso)

As redes de computadores fazem parte da vida de inúmeras pessoas. O *Livro Verde: segurança cibernética no Brasil* ressalta que a segurança cibernética se impõe como função estratégica de Estado, sendo essencial para a manutenção de infraestruturas fundamentais do País, tais como o funcionamento das redes elétricas, estruturas de defesa, transportes, telecomunicações, sistema bancário e sistemas de informações[5]. Quase tudo pode estar conectado à internet ou a outro tipo de rede de computadores: carros, geladeiras, *smartphones*, *tablets*, televisões, rádios, fogões, telefones, equipamentos médicos etc. A partir de um computador ligado à internet, podemos muito mais que acessar uma câmera do outro lado do mundo: é possível atuar sobre sistemas vitais para um país. Com a importância que ganham as redes de computadores, a sua manutenção desempenha papel estratégico na segurança nacional, tanto no seu aspecto interno (segurança pública), quanto externo (defesa nacional).

Percebe-se que, quanto mais avançados tecnologicamente são os meios disponíveis, maior é a vulnerabilidade cibernética na sociedade. Corrobora essa afirmação o fato de que as economias pioneiras no que tange a inovações tecnológicas costumam depender mais intensamente de dados que trafegam em meios informáticos. As principais formas de defesa da sociedade contra ataques cibernéticos são o preparo técnico de seus sentinelas e a constante monitoração do que acontece na rede, podendo significar mitigação da privacidade dos usuários[6].

Os meios informáticos podem, ao mesmo tempo, ajudar a sociedade a implementar e gerir políticas públicas ou, por outro lado, ameaçar a execução dessas políticas. Em razão da mudança ocorrida nas estruturas sociais e na tecnologia da informação, a internet tornou-se acessível a grande parcela da população brasileira. Nesse contexto, o Estado deve garantir que as redes de computadores estejam disponíveis e sejam utilizadas em benefício da comunidade, considerando os valores e os direitos consignados pela Constituição Federal de 1988.

Diante desse cenário, surgiram importantes questionamentos, como é o caso da definição – ou da indefinição – dos limites entre o pugilato cibernético e o direito à privacidade do cidadão. É, também, relevante que se conheçam quais os meios para mitigar os riscos inerentes ao pugilato cibernético, tendo em vista que a cessação absoluta dos ataques no ciberespaço é algo inconcebível, pela natureza própria da rede mundial de computadores.

A privacidade é, portanto, elemento fundamental quando tratamos da internet nos dias de hoje: é por meio da rede de computadores que inúmeras informações privadas

---

5. BRASIL. *Livro verde: segurança cibernética no Brasil*. Brasília: GSIPR/SE/DSIC, 2010, p. 13.
6. CLARKE, Richard A. *Cyberwar*: The Next Threat to National Security and What to do About It. New York: Ed. Ecco, 2012. p. 179-218.

circulam. Vale ressaltar que a privacidade é uma garantia constitucional[7], bem como a intimidade. Apesar de semelhantes em uma leitura rápida, intimidade e privacidade são conceitos jurídicos distintos e, consequentemente, referem-se a diferentes formas de garantias individuais.

A intimidade relaciona a pessoa consigo mesma: alguém cantando no banheiro, escrevendo em seu diário, lendo, dormindo ou tomando um café solitariamente. Quando entra uma segunda pessoa na relação, já não há que se falar em intimidade, mas em privacidade. A privacidade relaciona o indivíduo com aqueles que lhe estão próximos. A troca de *e-mails*, por exemplo, ao presumir mais de uma pessoa na comunicação, tem ligação com o conceito de privacidade. A despeito de serem situações jurídicas diferentes, o direito protege as duas: tanto a pessoa sozinha, consigo mesma (intimidade); quanto o indivíduo se relacionando com outros (privacidade)[8].

O pugilato cibernético pode constituir ameaça à intimidade e à privacidade. A intimidade estará sendo tutelada ao se assegurar que informações íntimas, seja elas escritas ou de qualquer modo armazenadas em um meio informático, não serão subtraídas do autor. Por outro lado, protege-se a privacidade quando os dados que transitam em rede somente estejam acessíveis àqueles que se presumem legítimos para acessarem tais informações: em uma troca de *e-mails*, somente deveriam ter acesso ao conteúdo o remetente e o destinatário. Dessa forma, a análise do pugilato cibernético precisa refletir a preocupação com a privacidade em sentido amplo, compreendendo a intimidade e a privacidade propriamente dita, a despeito da distinção feita pelo ordenamento jurídico.

A democracia é outro termo cuja definição é essencial para a discussão do pugilato cibernético. O conceito proferido por Abraham Lincoln, ex-presidente estadunidense, em seu discurso em Gettysburg, em 1863[9] – governo do povo, para o povo e pelo povo –, foi atualizado pelo doutrinador constitucional Carlos Ayres Britto, que afirma que esse "povo" deve ser encarado como a comunidade que ele pretende ser. Assim, exclui-se dessa definição qualquer sentido individualista, que não respeite a noção de comunidade[10].

---

7. "Art. 5º, CR/88. Todos são iguais perante a lei, sem distinção de qualquer natureza, garantindo-se aos brasileiros e aos estrangeiros residentes no País a inviolabilidade do direito à vida, à liberdade, à igualdade, à segurança e à propriedade, nos termos seguintes: [...]
X - são invioláveis a intimidade, a vida privada, a honra e a imagem das pessoas, assegurado o direito à indenização pelo dano material ou moral decorrente de sua violação."
8. BRITTO, Carlos Ayres. Banca de qualificação de mestrado em Direito em 10 de novembro de 2015, no Centro Universitário de Brasília.
9. PORTAL DA HISTÓRIA. *Discurso de Abraham Lincoln*. Disponível em: < https://bit.ly/1TCIYmb >. Acesso em: 26 jun. 2014.
10. BRITTO, Carlos Ayres. *Teoria da Constituição*. Rio de Janeiro: Forense, 2003.

Em contexto democrático, as pessoas que integram a comunidade devem ser respeitadas e tratadas com a consideração que sua condição humana suscita, de acordo com a democracia defendida pelo então presidente da Câmara dos Deputados, Dep. Ulysses Guimarães, na abertura da solenidade de promulgação da Constituição brasileira de 1988[11]. Trata-se da democracia que respeita a centralidade individual – o ser humano como centro – mas sem abrir mão da coesão social, conceitos que serão abordados com maior profundidade posteriormente.

Alguns países podem tentar – e vêm tentando – obter todo tipo de vantagem de outros países, a partir da exploração de redes de computadores. Essa possibilidade, porém, não se limita a agentes de Estado: a espionagem empresarial diversificou-se e ampliou-se graças ao espaço cibernético. Nesse contexto, a defesa de todo um país pode se ver ameaçada por grupos de pessoas altamente especializadas, ou mesmo por um *hacker* adolescente que consiga entrar em sistemas estratégicos ligados à rede. Em razão das hipóteses mencionadas, a sociedade pode tomar atitudes preventivas ou corretivas visando à manutenção da paz social e da ordem econômica.

A privacidade *on-line* é assunto que ganha cada vez mais importância, pois tudo que transita na rede de computadores é, pelo menos em tese, suscetível de investigação. Mesmo quando não é possível a obtenção do conteúdo das comunicações, pode-se investigar outros dados – os metadados, tais como a frequência e a convergência entre endereços. Até mesmo chefes de Estado têm sido espionados por agentes de inteligência de outros Estados. Empresas privadas e estatais – conforme denunciou Edward Snowden no caso da espionagem da Agência de Inteligência Americana (NSA) contra a Petrobras – sofreram grandes prejuízos devido a ações executadas por órgãos de outros países no ciberespaço[12].

O debate acerca do respeito à privacidade, por parte dos agentes de governo, deve considerar que a privacidade e a defesa cibernética podem tomar posições antagônicas, devendo a sociedade decidir quais as políticas públicas serão implementadas e os limites adequados do pugilato cibernético. Para isso, há que se refletir acerca do respeito às leis e a dificuldade de manutenção da ordem jurídica no ciberespaço, bem como o que são e como se implementam as políticas públicas.

As políticas públicas são um conjunto de medidas propositais com o objetivo de impulsionar o Estado a fim de que seja concretizado algum objetivo de ordem pública,

---

11. AGÊNCIA BRASIL. *Marco entre a ditadura e a democracia, Constituição de 1988 completa 25 anos.* Disponível em: < https://bit.ly/2xxNtL0 >. Acesso em: 30 jun. 2014.
12. SNOWDEN, Edward. *Milênio: Sonia Bridi entrevista Edward Snowden.* Disponível em: < https://bit.ly/2O3slGC >. Acesso em:8 jun. 2014.

materializando, assim, um direito[13]. Elas, também, podem ser entendidas como um fluxo de decisões estatais que tem por escopo a manutenção do equilíbrio social ou o desequilíbrio de algumas relações visando à mudança do *status quo*[14]. Em síntese, uma política pública é uma ação estatal voltada para o atendimento de uma demanda comunitária. No caso do pugilato cibernético, a ação do Estado Democrático de Direito – que pode ser mais ou menos lesiva à privacidade – manifesta-se na forma de políticas públicas.

Um dos campos de atuação que os Estados geralmente reservam para si próprios de forma exclusiva é o da segurança nacional, o que inclui limitar a ação daqueles que tentam violar, no caso do Brasil, a ordem constitucional. A paz é um período de preparação contínua para a guerra durante o qual se busca identificar potenciais ameaças e aprimorar o pessoal e os equipamentos a serem empregados em situações excepcionais. Sun Tzu Sun Pin, autor do clássico A *arte da guerra*, ensinava há séculos: "Se buscas a paz, prepara-te para a guerra"[15]. Os Estados devem estar sempre preparados para se defender de ameaças no momento em que essas ocorrerem, reforçando a ideia do pugilato incessante.

O modelo de Estado aqui adotado não inclui o Estado absolutista[16], nem outros modelos em que o Estado serve a um grupo de pessoas. Ao invés disso, parte-se da teoria que coloca o Estado a serviço da sociedade, com a finalidade de protegê-la, sendo esse um dos fundamentos de uma democracia. A grande diferença no enfoque acaba por repercutir no objetivo da defesa cibernética. Parto da premissa de que a defesa cibernética só é válida se efetivada a favor de toda a comunidade, sem privilegiar pessoas, grupos nem classes sociais.

Para Norberto Bobbio, "nos lugares onde o Direito é impotente, a sociedade corre o risco de precipitar-se na anarquia; onde o poder não é controlado, corre o risco oposto,

---

13. BUCCI, Maria Paula Dallari. O conceito de política pública em direito. In: BUCCI, Maria Paula Dallari (Org.). Políticas públicas: reflexões sobre o conceito jurídico. São Paulo: Saraiva, 2006.
14. SARAVIA, Enrique. *Política pública, política cultural, indústrias culturais e indústrias criativas*. In: Plano da Secretaria da Economia Criativa: políticas, diretrizes e ações, 2011 – 2014. Brasilia: Ministério da Cultura, 2011. p. 93.
15. PIN, Sun Tzu Sun. A Arte da Guerra. Trad.: COTRIN, Ana Aguiar. São Paulo: Ed. Martins Fontes, 2002.
16. HOBBES, Thomas. *Leviatã ou matéria, forma e poder de um Estado eclesiástico e civil*. Trad: MONTEIRO. João Paulo e NIZZA. Maria Beatriz da Silva. São Paulo: Abril Cultural, 1984.Coleção Os Pensadores. Para HOBBES:" A única maneira de instituir um tal poder comum, capaz de defendê-los das invasões dos estrangeiros e das injúrias uns dos outros, garantindo-lhes assim uma segurança suficiente para que, mediante seu próprio labor e graças aos frutos da terra, possam alimentar-se e viver satisfeitos, é conferir toda sua força e poder a um homem, ou a uma assembleia de homens, que possa reduzir suas diversas vontades, por pluralidade de votos, a uma só vontade. O que equivale a dizer: designar um homem ou uma assembleia de homens como representante de suas pessoas, considerando-se e reconhecendo-se cada um como autor de todos os atos que aquele que representa sua pessoa praticar ou levar a praticar, em tudo o que disser respeito à paz e segurança comuns; todos submetendo assim suas vontades à vontade do representante, e suas decisões a sua decisão. Isto é mais do que consentimento, ou concórdia, é uma verdadeira unidade de todos eles, numa só e mesma pessoa, realizada por um pacto de cada homem com todos os homens, de um modo que é como se cada homem dissesse a cada homem: "Cedo e transfiro meu direito de governar-me a mim mesmo a este homem, ou a esta assembleia de homens, com a condição de transferires a ele teu direito, autorizando de maneira semelhante todas as suas ações. Feito isto, à multidão assim unida numa só pessoa se chama Estado, em latim civitas."

do despotismo"[17]. No mesmo sentido, Karl Popper formula que não existe liberdade que não seja garantida pelo Estado e, em contrapartida, só um Estado controlado por cidadãos livres pode oferecer-lhes alguma dose razoável de segurança[18]. Por sua vez, Carlos Ayres Britto[19] expõe o risco que passa a existir contra a democracia quando o Estado resolve monitorar a cultura, limitando sua espontaneidade em qualquer de suas formas de exteriorização, indicando que a Constituição da República de 1988 estatui, pelo inciso IX do art. 5º, que é "livre a expressão da atividade intelectual, artística, científica e de comunicação, independentemente de censura ou licença".

O uso adequado do pugilato cibernético é mais um instrumento de manutenção da ordem constitucional e dos valores democráticos. As ideias aqui expressas evidenciam a relevância do Estado de direito para que a comunidade tenha a segurança necessária para se desenvolver. O desenvolvimento social sem ordem e estabilidade tende ao insucesso. No contexto de pugilato cibernético, fazer valer as escolhas da sociedade vai depender da melhor preparação possível para a defesa cibernética.

A pesquisa que culminou neste livro não teve como objetivo explorar aspectos de segurança pública. Por vezes, o pugilato cibernético pode proteger a sociedade em face de meros ilícitos civis, mas este não é o foco de uma defesa que pretende atuar quando estão ameaçados os valores mais caros a uma nação. Não obstante, são analisadas hipóteses de risco em que o poder judiciário é incapaz de fazer valer a lei por si só, propondo-se algumas ações governamentais que visam à paz e prosperidade almejadas pela sociedade.

Ameaças cibernéticas estão constantemente presentes em desfavor de pessoas e instituições em todo o Planeta . Como um evento danoso pode se originar em qualquer lugar, a qualquer momento e contra qualquer pessoa, a segurança depende de prevenção e prontidão para responder de maneira proporcional. A sociedade pode exigir reações a tais ameaças inesperadas, se lhe convier. Se a reação por parte do Estado for consensual, a preparação técnica no que diz respeito ao pugilato cibernético deve ser contínua. A preparação ideal não termina, apenas se aperfeiçoa. Ela é feita a partir do aperfeiçoamento técnico de equipamentos e pela formação e preparação dos profissionais da área e seus bancos de dados. Ambas as possibilidades podem ser fomentadas por políticas públicas.

Assim como para a polícia é útil a utilização de bancos de dados e análises estatísticas para aperfeiçoar sua atuação, quem atua profissionalmente com pugilato cibernético terá resultados mais expressivos a partir do uso da estatística e de bancos de

---

17. BOBBIO. Norberto. *O tempo da memória*. In: BOBBIO. Norberto. *A era dos direitos*. Rio de Janeiro: Elsevier, 2004.
18. POPPER, Karl. *As Aventuras da racionalidade*. (Org.) PEREIRA, Júlio César R. Porto Alegre: EDIPUCRS, 1995, p. 140 e 141.
19. BRITTO, Carlos Ayres. *Teoria da Constituição*. Rio de Janeiro: Forense, 2003.

dados, sem os quais o trabalho de análise das ameaças cibernéticas fica sem foco e sem resultado eficiente.

As ações de defesa cibernética têm caráter repressivo, mas devem ser também – e com muito mais razão, nesse caso – preventivas, de forma a perseguir economicidade e eficiência, que são princípios da administração pública.

O setor cibernético é um dos setores estratégicos para o País, de acordo com a Estratégia Nacional de Defesa[20] (END), aprovada pelo Decreto nº 6.703, de 18 de dezembro de 2008. Segundo a END, "projeto forte de defesa favorece projeto forte de desenvolvimento"[21]. Outrossim, a END não se dissocia da estratégia nacional de desenvolvimento: tais estratégias são complementares no escopo do despertar para a nacionalidade e da construção da nação. O modelo de desenvolvimento depende da estabilidade gerada pela defesa eficaz. Para que o Brasil se mostre um Estado próspero, faz-se necessária uma boa preparação contra agressões, mas, também, contra ameaças, haja vista que, no mundo de hoje, a intimidação tripudia a boa-fé.

A Defesa deve trabalhar com tecnologias de ponta, e o fomento do desenvolvimento nacional de tecnologias de Defesa acaba por desenvolver tecnologias de uso dual – usadas na defesa e em outros ambientes – agregando valor a produtos, serviços e tecnologias oferecidos no Brasil.

A END pauta-se, ainda, pelo poder de dissuasão, complementando que, para dissuadir, é necessário preparação para o combate. Finalmente, a END complementa que as Forças Armadas devem ser organizadas sob a égide do trinômio monitoramento/controle, mobilidade e presença[22]. Daí se pode entender que o Estado ratifica a necessidade de bancos de dados que auxiliem na preparação para o combate e contribuam com a preservação da paz social, razão pela qual o pugilato cibernético é uma atividade que deve se iniciar desde o tempo de paz[23], mesmo que não haja ameaças claras.

A subordinação das Forças Armadas ao poder político é pressuposto do regime republicano e fator de garantia democrática, democracia que deve ser preservada em sua plenitude[24]. Pode-se afirmar que o respeito sistemático ao Estado democrático desem-

---

20. O Decreto nº 6.703, de 18 de dezembro de 2008, aprova a Estratégia Nacional de Defesa, observe-se: Art. 1º Fica aprovada a Estratégia Nacional de Defesa anexa a este decreto.
Art. 2º Os órgãos e as entidades da administração pública federal deverão considerar, em seus planejamentos, ações que concorram para fortalecer a defesa nacional.
Art. 3º Este decreto entra em vigor na data de sua publicação.
21. BRASIL. Ministério da Defesa. *Estratégia Nacional de Defesa*. 2. ed. Brasília, 2008. p. 8-10.
22. *Ibidem*. p. 10.
23. BRASIL. Ministério da Defesa. Estratégia Nacional de Defesa. 2. ed. Brasília, 2008. p. 10
24. *Ibidem*, p. 6-13

bocará no humanismo como expressão de vida coletiva civilizada, e esse responderá pela qualidade de vida de todo o povo[25].

A expressão do poder militar deve ser mais uma expressão do poder estatal servindo ao povo, não sendo aceitável a ideia de que o governo se sirva do povo que o sustenta. A preparação para o pugilato deve nortear-se pela preservação da paz.

O objetivo de preservação da ordem democrática materializa-se no cumprimento da ordem constitucional decorrente de uma assembleia nacional constituinte, consoante Carlos Ayres Britto[26]. O referido autor afirma que o povo "é [realiza] o poder de todo poder, em termos jurídicos, e no plano territorial interno", materializando a soberania. Povo sem soberania é apenas população. Povo amalgamado no seu território forma uma nação, que pode se tornar comunidade por meio de uma real comunhão de interesses. A soberania popular se manifesta no poder constituinte primário (ou inicial), que se materializa na própria Constituição. O poder constituinte originário materializa a criação de um novo Estado[27].

Hierarquicamente inferiores à Constituição, as leis (em sentido amplo) têm por objetivo normatizar a vida em sociedade. A Lei nº 12.737, de 2012, que dispõe a respeito da tipificação criminal de delitos informáticos, visa tutelar dados existentes em bancos de dados eletrônicos. Tal inviolabilidade de dados armazenados decorre, também, do mandamento constitucional previsto no art. 5º, X, da CR/88, o qual protege o direito à privacidade e à intimidade.

A sociedade necessita de instrumentos de controle para fazer valer suas opções materializadas nas normas. A norma traz para o plano jurídico o que se pode entender por gestão de riscos sociais. Caso determinada conduta ofereça elevado risco social, ela, provavelmente, será criminalizada, o que não acontecerá com uma conduta que represente pouco ou nenhum risco para a sociedade.

Logo, conhecidas as condutas que resultam em riscos sociais significativos, é usual que sejam criminalizadas ou desestimuladas de alguma forma. Nesse ponto, ressalto que diferentes povos tutelam diferentes valores, o que justifica que criminalizem condutas distintas. Com esse entendimento, evidencia-se que nem sempre obter-se-á apoio de outros Estados quando determinada conduta fere bens caros à sua própria sociedade. Pode ser que, em outra cultura, tal bem jurídico não seja tão relevante a ponto de se conseguir apoio estrangeiro, por exemplo, para coibir condutas indesejadas em redes de

---

25. BRITTO, Carlos Ayres. *O humanismo como categoria constitucional*. Rio de Janeiro: Ed. Fórum, 2012, p. 25-29.
26. BRITTO, Carlos Ayres. *Teoria da Constituição*. Rio de Janeiro: Forense, 2003.
27. *Ibidem*, p. 20-25.

computadores. O problema é que as fronteiras na rede mundial de computadores não correspondem às fronteiras físicas.

Uma vez tipificados, os crimes cibernéticos devem ser combatidos e evitados. O combate aos crimes cibernéticos será pouco expressivo se ficar limitado à norma jurídica estabelecida pelo Estado, sobretudo em virtude do princípio da territorialidade: um crime pode ser praticado, por exemplo, na China, por meio de provedores russos, por um cidadão de Kiribati, trabalhando em favor de uma sociedade empresária localizada na África, com consequências em desfavor da sociedade e instituições brasileiras e indianas. A Justiça brasileira teria competência para atuar nesse caso?

Uma solução para a situação hipotética pode ser viabilizada pelo pugilato cibernético, garantindo o cumprimento das normas impostas, utilizando-se da supremacia técnica, quando se fala de rede de computadores. A estratégia de usar bancos de dados estatais com a finalidade de otimizar a defesa – inclusive a cibernética – tem sido implementada por países centrais[28]. A filosofia da interceptação[29] pode ver-se concretizada no Projeto Echelon[30], fruto de um acordo preliminar entre o Reino Unido e os Estados Unidos da América (Pacto UKUSA), que, posteriormente, se estendeu para outros países, como Canadá, Austrália e Nova Zelândia. Inicialmente, o projeto era apenas para analisar as comunicações por rádio do então adversário soviético. Hoje, há quem diga que o aparato é utilizado para espionagem econômica, contra o terrorismo e contra o crime organizado.

Há autores que afirmam que todas as transmissões telefônicas, de fax, internet ou mensagens eletrônicas na rede mundial de computadores estão suscetíveis de interceptação, o que pode acontecer com a ajuda de supercomputadores que buscam palavras-chave nos dados que passam pelos sistemas[31]. Como visto, ao menos alguns Estados preocupam-se em montar tais bancos de dados por diversos motivos, dentre os quais a segurança nacional.

Supostamente, o Projeto Echelon – que não é o único de sua espécie, segundo fontes como *Wikileaks*[32] e Snowden[33] – impacta na privacidade de todos aqueles que utilizam meios de comunicações modernos, inclusive ambientes de mensagens privadas em redes sociais.

---

28. No sentido de Estados com destaque político e econômico no contexto mundial.
29. Para mais informaçõesacerca da filosofia das interceptações: BOATTI, Giorgio; TAVAROLI, Giuliano. SPIE: I servizi segreti delle multinazionali: dossier, intercettazioni, guerre informatiche. Milano: Mondadori. 2008. p. 196 e ss.
30. LAWNER, Kevin J. Post-Sept. 11th international surveillance activity: a failure of intelligence: the echelon interception system & (and) the fundamental right to privacy in Europe. Disponível em: < https://bit.ly/2MP6FcL>. Acesso em: 7 fev. 2016.
31. BOATTI, Giorgio; TAVAROLI, Giuliano. SPIE: I servizi segreti delle multinazionali: dossier, intercettazioni, guerre informatiche. Milano: Mondadori. 2008, p. 71-76.
32. wikileaks.org. Acesso em: 26 jun. 2014.
33. Edward Joseph Snowden é um analista de sistemas, ex-funcionário da CIA e ex-contratado da NSA, que tornou público detalhes de vários programas que constituem o sistema de vigilância global da NSA – Agência de Inteligência Estadunidense.

De forma clara, países centrais têm mitigado a privacidade em nome da segurança. Em época de ataques terroristas, sobretudo após o que foi sofrido pelos Estados Unidos em 11 de setembro de 2001, tal mitigação parece necessária, ou, pelo menos, tem ganhado grande número de adeptos.

Enquanto no Brasil o respeito à privacidade recebe a proteção do ordenamento jurídico, tal como previsto na Constituição da República e na Lei nº 12.965, de 2014[34], em outros países, essa proteção é relativizada na forma da lei e/ou da prática administrativa. A proteção à privacidade oferecida em território brasileiro – como todas as demais garantias – respeita o princípio da territorialidade. Logo, o usuário brasileiro que acessa um provedor estrangeiro terá relativizada essa proteção na medida do ordenamento alienígena, sem que o usuário tenha saído do território brasileiro, pois as redes de informática transpõem indiferentemente as fronteiras físicas. Ainda que determinada conduta seja condenada em juízo no Brasil, é possível que, em razão do respeito à soberania de outro Estado, a decisão não surta efeito prático.

O princípio da territorialidade está previsto no art. 5º do Código Penal[35]. De acordo com o referido princípio, a norma penal só se aplica no território do Estado que a editou. No que tange ao Brasil, diz-se que a territorialidade é temperada, porque o *caput* do art. 5º do Código Penal admite que tratados e regras de direito internacional mitiguem tal mandamento. Nessas hipóteses, a lei orienta que o Estado brasileiro se abstenha de aplicar a sua lei.

Por outro lado, o princípio da extraterritorialidade é aquele a partir do qual um Estado prevê que sua norma alcance, em determinadas circunstâncias, limites fora do território onde possui soberania, além de suas fronteiras. O art. 7º do Código Penal relaciona hipóteses pontuais nas quais a Lei Penal brasileira pretende alcançar jurisdição fora do território nacional.

Além do Brasil, outros Estados preveem hipóteses de aplicação de sua própria norma penal em territórios onde não possuem soberania, o que pode resultar em conflitos entre

---

34. Lei nº 12.965, de 23 de abril de 2014, que estabeleceu princípios, garantias, direitos e deveres para o uso da internet no Brasil.
35. Art. 5º. Aplica-se a lei brasileira, sem prejuízo de convenções, tratados e regras de direito internacional, ao **crime cometido no território nacional**.
§ 1º. Para os efeitos penais, **consideram-se como extensão do território nacional** as embarcações e aeronaves brasileiras, de natureza pública ou a serviço do governo brasileiro onde quer que se encontrem, bem como as aeronaves e as embarcações brasileiras, mercantes ou de propriedade privada, que se achem, respectivamente, no espaço aéreo correspondente ou em alto-mar.
§ 2º. É também aplicável a lei brasileira aos crimes praticados a bordo de aeronaves ou embarcações estrangeiras de propriedade privada, achando-se aquelas em pouso no território nacional ou em voo no espaço aéreo correspondente, e estas em porto ou mar territorial do Brasil. (grifo nosso)

normas de diferentes nacionalidades, especialmente os crimes informáticos, também conhecidos como crimes cibernéticos.

O art. 3º da Lei nº 12.965, de 2014 – a qual disciplina o uso da internet no Brasil – assegura, em seu inciso II, a proteção à privacidade na rede. Mas o que fazer se a lesão à privacidade acontece, por exemplo, a partir de uma agência de inteligência estrangeira? A única solução efetiva será a técnica, pois a diplomacia dificilmente conseguirá fazer valer a norma nacional em outro país. O Estado estrangeiro continuará fazendo tudo o que sua norma prevê, ainda que viole normas brasileiras e isso implique na mitigação da privacidade de pessoas e instituições no Brasil. O certo é que aberrações podem ser colocadas como exemplo a ser combatido pela comunidade internacional, tais como a espionagem de comunicações da Presidente da República do Brasil e da Chanceler alemã, realizadas pela NSA, conforme relatado por Snowden[36].

O estadunidense *Freedom Act*, sucessor do *Patriotc Act*, a lei canadense antiterror de 2015, o órgão chinês de combate ao terrorismo com poderes irrestritos de investigação e a norma francesa de combate ao terror são algumas das ações de países que, como meio para atingirem os objetivos declarados, viabilizam mitigação de privacidade e outros direitos individuais[37] de usuários de redes de computadores em qualquer lugar do Planeta, independentemente do bem jurídico tutelado pela norma do território em que se encontram. A eficiência desses regramentos parece justificar a existência de tais normas em democracias reconhecidas, tais como Estados Unidos, Canadá e França.

Crimes e ilícitos cibernéticos podem lesar duramente uma sociedade, uma vez que ameaçam serviços públicos essenciais – como distribuição de energia elétrica e de água, centrais telefônicas, serviços hospitalares –, instituições bancárias, bolsas de valores, privacidade de cidadãos comuns e de autoridades etc. Enfim, podem ameaçar as instituições e a paz social de um Estado. Nesse debate, deve ainda ser considerado que um governo que não respeita as leis e os seus cidadãos não é suficientemente confiável para manipular dados pessoais, haja vista que pode utilizar essas informações a favor de grupos ou partidos, e não em favor da coletividade.

Pelo princípio da precaução, o ideal é que toda investigação cibernética – por ser essencialmente técnica – e seus resultados passem ao largo do controle político, como forma de proteger a própria sociedade. Entendo que as investigações devam ser dirigidas por instituições acostumadas a lidar com políticas de Estado, não se subordinando a políticas de governo.

---

36. SNOWDEN, Edward. *Milênio*: Sonia Bridi entrevista Edward Snowden. Disponível em: < https://bit.ly/2O3slGC >. Acesso em: 8 jun. 2014.
37. PEROSA, Teresa. O *Brasil na era do terror*. In: Revista Época nº 920. São Paulo: Ed. Globo, 2016, p. 54-56.

Atualmente, alguns governos pelo mundo – que se dizem democráticos – não permitem o livre debate, inviabilizam a imprensa que lhes faz oposição, manipulam informações e maculam a democracia, com a ajuda de seus correligionários, com atitudes nefastas que prejudicam toda a sociedade. Um exemplo mais contundente próximo ao Brasil vem da Venezuela, onde o governo tem calado opositores[38]. Espera-se que atitudes como essas sejam banidas dos governos; porém, enquanto não o são, o corpo social de um Estado não deve permitir que interesses alheios aos interesses nacionais disponham de dados pessoais. O Estado deve servir à comunidade, e não se servir da comunidade. Se esse não for claramente o seu objetivo, o Estado ainda não estará preparado para manipular dados pessoais.

É inconteste que as grandes potências possuem centros de inteligência e que dependem deles para assegurar seus interesses, mitigando riscos contra sua população e suas instituições. Mesmo em países desenvolvidos, pode acontecer que agentes públicos se sintam tentados a utilizar essa forma única de prover segurança para realizar ataques e agressões contra opositores políticos, fomentando qualquer coisa diferente de paz e prosperidade. Pessoas e instituições que denunciaram fatos que revelam tais condutas pelo mundo têm sofrido consequências aparentemente pouco democráticas. Observe-se que Edward Snowden está exilado na Rússia e Julian Assange, fundador do *Wikileaks*, foi considerado por um comitê da Organização das Nações Unidas em fevereiro de 2016 como "detido arbitrariamente"[39].

A internet não é um ambiente típico para quem busca privacidade, apesar de muitos usuários não terem se dado conta desse fato. A maior parte dos dados transita sem qualquer tecnologia de segurança da informação na rede mundial de computadores[40]. E há muitas pessoas que usam a internet para divulgar o que estão fazendo, postar opiniões, fotos, informações, algumas vezes, íntimas. Falar de privacidade no ambiente do *Twitter* e *Facebook* é algo polêmico. Tal constatação ganha contornos ainda mais amplos diante do seguinte dado: no fim de 2017, o *Facebook* tinha 102 milhões de usuários brasileiros ativos[41].

Cria-se, dessa forma, a necessidade de conciliar a necessidade de privacidade com a segurança da comunidade, tendo em conta o pugilato cibernético. A tal conflito pode se ofertar solução inspirada nos ensinamentos de Habermas[42]: toda argumentação tentará ser a "única resposta correta", mas deverá se contentar em ter apenas "aceitabilidade

---

38. PORTAL G1. *Canal de TV de oposição é retirado do ar na Venezuela.* Disponível em: < https://glo.bo/2QMDFFB >. Acesso em: 30 jun. 2014.
39. ÉPOCA. *Julian Assange pode deixar embaixada do Equador nesta sexta.* Disponível em: < https://glo.bo/2xAv8Ny >. Acesso em: 6 fev. 2016.
40. HARRIS, Shon. CISSP. Sixth Edition. USA: Mc Graw Hill, 2013, p. 21-155.
41. 102 milhões de brasileiros compartilham seus momentos no Facebook. Disponível em: < https://bit.ly/2O4S5ml >. Acesso em: 30 dez. 2017.
42. HABERMAS, Jürgem. *Verdade e justificação*: Ensaios Filosóficos. São Paulo: Edições Loyola, 2004,, p. 267-310.

idealmente justificada" dos enunciados. Em outras palavras, uma proposta não deve pretender-se absoluta, mas algo que se considere aceitável por todos, considerando que, quanto mais heterogênea é a sociedade, mais abstratas são as normas que a regem, fornecendo a segurança necessária para que a comunidade viva com qualidade e se desenvolva com responsabilidade e sustentabilidade.

Fazer valer os direitos assegurados aos cidadãos pelo uso da força – ainda que essa força seja virtual – faz parte da vida em comunidade e é necessário para a paz social. O Estado deve, ao menos, estar pronto para empregar esse instrumento em favor dos cidadãos. O pugilato cibernético é o meio mais eficaz de o Estado se prevenir contra ameaças advindas de redes informatizadas. Sem tal aparato, o Direito não tem como garantir que se imponham decisões judiciais, colocando em risco a ordem e a paz social.

Esta obra mergulha no universo do ciberespaço para discernir os limites entre o direito à privacidade e a defesa cibernética, concretizados em políticas públicas de defesa cibernética. Para que o objetivo seja cumprido, o texto está dividido em quatro capítulos, a saber: no capítulo primeiro são abordados os riscos inerentes à sociedade em rede decorrentes do uso do ciberespaço. São analisados riscos estratégicos, que ameaçam a sobrevivência do Estado; riscos individuais, considerados ameaças de privação de serviços públicos e de direitos fundamentais; e riscos atinentes às empresas. No segundo capítulo, aborda-se o pugilato cibernético e algumas de suas consequências para o direito à privacidade sob as ópticas normativa e jurisprudencial. No capítulo três, são analisadas algumas dificuldades jurídicas relacionadas ao direito cibernético, abordando aspectos da Ação Direta de Inconstitucionalidade 3059MC/RS. O quarto e último capítulo destina-se à análise da mitigação de riscos oriundos do pugilato cibernético a partir da atuação do Estado em favor da sociedade.

1. RISCOS INERENTES À SOCIEDADE EM REDE DECORRENTES DO USO DO CIBERESPAÇO

Informação é poder. E, para combater o bom combate, como sugere Sun-Tzu, deve-se conhecer o inimigo e a si próprio. Em capítulo de sua obra intitulado "Da arte de vencer sem desembainhar a espada", Sun-Tzu[43] diz que faz parte do caminho da vitória conhecer e não ignorar o oponente, sendo de suprema importância atacar a estratégia do oponente na raiz. Aconselha, ainda, a sondar os planos do oponente como forma de aperfeiçoamento e planejamento para o êxito.

Um dentre muitos dos ensinamentos desse estrategista da antiguidade que permanece válido nos dias de hoje é a importância da coleta de informações a respeito de si e do potencial adversário. A informação serve como fonte de poder de defesa e de ataque. Com a intenção de coletar dados, países que dominam tecnologias de ponta têm investido em sistemas informatizados, o que lhes permite conhecer potenciais ameaças e, consequentemente, melhor combatê-las.

Apenas para ilustrar, em 2013, de acordo com dados obtidos pelo jornalista Glenn Greenwald com o ex-técnico da NSA Edward Snowden, a então presidente brasileira foi alvo direto de espionagem realizada pela NSA, inclusive por meio da interceptação de e-mails[44]. Segundo Edward Snowden, a rede privada de computadores da Petrobras foi espionada[45]. A ex-presidente do Brasil e a referida empresa estatal não eram inimigas dos norte-americanos; porém, a ameaça em potencial foi suficiente para motivar uma ação de inteligência de Estado.

---

43. PIN, Sun Tzu Sun. *A arte da guerra*. Trad. COTRIN, Ana Aguiar. São Paulo: Ed. Martins Fontes, 2002,. p. 20-34.
44. FOLHA DE S PAULO. Caderno Mundo. 2/9/2013. *Dilma foi espionada pelos EUA, diz TV*. Disponível em: < https://bit.ly/2Nrj2kh >. Acesso em: 7 fev. 2015.
45. PORTAL G1. *Petrobras foi espionada pelos EUA, apontam documentos da NSA*. Fantástico. Edição do dia 8/9/2013. Disponível em: < https://glo.bo/1RUBnvM >. Acesso em 7 fev. 2015.

A fim de explorar melhor os exemplos citados, cabem algumas considerações. A Petrobras S.A. é uma sociedade empresária de economia mista de alto valor estratégico, que possui alto saber tecnológico, e que domina algumas tecnologias de ponta. A estatal pode despertar o interesse de agências de inteligência – sobretudo norte- americanas – não só pelo conhecimento tecnológico acumulado, como, também, para proteger o patrimônio de estadunidenses que investiram em ações da empresa na bolsa de valores. Atualmente, a estatal brasileira está em crise e perdeu parte considerável de seu valor de mercado em razão de corrupção com raízes, ao que parece, no próprio Estado brasileiro[46]. Sua recuperação no mercado de ações já é perceptível, mas continua incipiente.

A respeito do outro caso citado, o jornal *The New York Times* declara que a então presidente Dilma Rousseff continuou sendo espionada em 2015[47], enquanto a Presidência da República declarou que decidiu ignorar a denúncia de que a chefe do Executivo brasileiro teria tido suas comunicações monitoradas[48].

Percebe-se, pois, que uma grande empresa brasileira – que atua em um setor estratégico – e os ocupantes do cargo político de maior destaque do Brasil estão suscetíveis a ataques cibernéticos, que são um dos meios utilizados para as referidas ações de inteligência. Naturalmente, as informações obtidas a partir dessa forma de espionagem podem ameaçar, potencialmente, a qualidade de vida e a economia no Estado alvo dos ataques. A coleta de dados estratégicos de um país por outro pode refletir, por exemplo, em vantagens na disputa por determinados mercados ou produtos.

Muitos são os riscos inerentes à sociedade na rede de computadores. Num rol meramente exemplificativo, podem ser citados: o risco de coleta de informações privadas que o autor gostaria de manter reservadas; riscos à privacidade durante a troca de dados por redes; risco de terrorismo cibernético; risco de ataque de grupos organizados; risco de ataque a estruturas de prestação de serviços públicos, dentre outros.

A partir do conceito de risco do *Project Management Body of Knowledge* (PMBOK), vê-se que o risco se relaciona com um evento ou condição não sabida que, caso ocorra, provoca um efeito decorrente de uma ou mais causas, e que pode impactar de diferentes formas na realidade presente. As condições de risco devem ser observadas como de significativo impacto[49]. Trata-se de um evento possível, futuro e incerto.

---

46. IDOETA, Paula Adamo. *Como a Petrobras virou 'dor de cabeça' para governo e investidores*. Disponível em: < https://bbc.in/2PSM5u1 >. Acesso em: 7 fev. 2015.
47. SOUZA, Beatriz. *Dilma continua sendo espionada pelos EUA, diz NY Times*. Disponível em: <https://abr.ai/2OMrPtG >. Acesso em 7 fev. 2015.
48. FOLHA VITÓRIA. *Planalto decide ignorar denúncia de que Dilma continua sendo espionada*. Disponível em: < https://bit.ly/2MPIcnB >. Acesso em: 7 fev. 2015.
49. PMI. *Um guia do conhecimento em gerenciamento de projetos*: Guia PMBOK - Project Management Body of Knowledge, 5ª.. edição. São Paulo: Ed. Saraiva, 2014.

Dessa forma, o risco cibernético é um evento ou condição relacionada com redes informáticas que, se ocorrer, provoca um efeito que pode impactar a realidade de forma significativa. O estudo foca no risco que pode trazer prejuízos aos usuários de redes de computadores ou para a sociedade, representada ou não por suas instituições.

O presente capítulo tem por finalidade identificar os riscos introduzidos no contexto social em virtude da ampliação do uso de ferramentas conectadas à rede de computadores.

1.1 Riscos estratégicos: ameaça à segurança do Estado

Em face dos possíveis alvos de ataques cibernéticos, os governos, atualmente, possuem diversas estruturas conectadas à rede mundial de computadores[50], das quais depende a própria existência do Estado, tais como: defesa, segurança pública, sistemas de energia, administração da Justiça e infraestrutura de transportes[51]. Os riscos estratégicos refletem vulnerabilidades do País, em nível macro, relacionadas ao bem-estar social, ao cotidiano da coletividade, à qualidade de vida dos cidadãos ou até mesmo à segurança do Estado.

Um dos riscos estratégicos é o terrorismo. Quarenta e cinco dias após o ataque às torres do World Trade Center na Cidade de Nova Iorque, em 11 de setembro de 2001, o Congresso dos Estados Unidos aprovou o chamado Ato Patriótico (*Patriotic Act*, posteriormente substituído pelo *Freedom Act*): norma que modificou restrições legais e permitiu que mecanismos de vigilância considerados até então ilegais – inclusive vigilância em massa – pudessem ser legalmente utilizados. A motivação da referida aprovação foi o enfrentamento ao terrorismo,[52] já que o terrorismo é um risco estratégico para o Estado como um todo.

Com o passar do tempo, a norma de combate ao terrorismo foi ficando mais permissiva no que diz respeito à vigilância. Recordando as palavras de Sun-Tzu, para quem conhecimento é poder, nota-se que a obtenção de informações foi uma das formas de poder eleita para combater o terror, na busca pela manutenção do Estado de Direito.

Chamadas de voz, *e-mails*, redes sociais, buscas na internet: quase todas as formas de comunicação que a tecnologia permite foram se tornando alvo potencial de investigações por parte das agências de inteligência estadunidenses, tudo na forma da lei[53]. O enfoque dado ao exemplo norte-americano deve-se aos indícios dessas práticas publicados nos meios de comunicação de massa, o que não significa que outros países se furtem de empregar técnicas semelhantes, como irei abordar adiante.

---

50. CRUZ JÚNIOR, Samuel César da. *Tecnologias e riscos*: armas cibernéticas. Brasília: IPEA, 2013.
51. MANDARINO JUNIOR, Raphael; CANONGIA, Cláudia. *Segurança cibernética*: o desafio da nova sociedade da informação. Disponível em: < https://bit.ly/2xsRS2N >. Acesso em: 14 jan. 2016.
52. REIS, Solange, *et al*. *Entre Aspas*: Privacidade na rede. GLOBONEWS. Exibido em: 11 jun. 2013.
53. *Ibidem*.

Hoje, já se admite que as tecnologias de interceptação de celulares foram globalizadas e "democratizadas", sendo que uma interceptação ativa pode ser realizada com custo relativamente baixo.[54] A realidade posta evidencia que muitos podem utilizar tais tecnologias. Frise-se que um celular compõe uma rede informatizada e pode ser instrumento de redes cibernéticas.

A práxis da NSA de espionagem eletrônica foi, em parte, descrita por Edward Snowden: invasão e acompanhamento de meios eletrônicos, entrada pela "porta dos fundos" de grandes portais da internet, sob o pretexto de prover segurança. Ainda é colocado em dúvida se a espionagem acontece com ou sem anuência das grandes corporações que atuam na rede[55].

A quarta emenda à Constituição americana protege o cidadão estadunidense de qualquer tipo de investigação acerca de sua vida privada sem a devida autorização judicial[56]. Paira a dúvida da sociedade estadunidense a respeito dos limites dessa garantia, se são praticados pelas agências de inteligência, dúvida essa que se evidencia a partir dos amplos debates na mídia daquele país, inclusive fomentados por meio de documentários como "*Terms and Conditions May Apply*".

Em 2015, o governo francês, sob o pretexto de combate ao terrorismo, aprovou – com ampla maioria dos representantes do povo – uma lei que permitiu a espionagem telefônica e na internet de qualquer cidadão suspeito de terrorismo sem autorização judicial. A norma francesa permite, ainda, a interceptação de mensagens de texto e o uso de *softwares* espiões[57]. Porém, em dezembro de 2014, o primeiro-ministro francês afirmara que a proteção das informações dos usuários da internet deveria ser uma prioridade[58].

Percebe-se que a necessidade de segurança vem servindo de argumento para relativizarem-se direitos e garantias individuais em sociedades que foram vítimas de ataques terroristas. Essa relativização vem ocorrendo mesmo que sejam necessárias alterações do

---

54. SOGHOIAN, Christopher; PELL, Stephanie K. *Your secret stingray's no secret anymore: the vanishing government monopoly over cell phone surveillance and its impact on national security and consumer privacy*. In: Harvard Journal of Law & Technology Volume 28, Number 1 Fall, 2014. Disponível em: < https://bit.ly/2Fw9cWv >. Acesso em: 14 jan. 2016.
55. *Ibidem*.
56. EMENDA IV da Constituição estadunidense: O direito do povo à inviolabilidade de suas pessoas, casas, papéis e haveres contra busca e apreensão arbitrárias não poderá ser infringido; e nenhum mandado será expedido a não ser mediante indícios de culpabilidade confirmados por juramento ou declaração, e particularmente com a descrição do local da busca e a indicação das pessoas ou coisas a serem apreendidas. (Constituição americana [traduzida])
57. Portal G1. *Aprovação de lei contra terrorismo gera polêmica na França*. Disponível em: < https://glo.bo/2pnvhA2 >. Acesso em: 10 maio 2015.
58. GARCIA, Gabriel. *França quer fortalecer privacidade na rede para 'equilibrar forças'*. Disponível em: < https://abr.ai/2po6bkr >. Acesso em: 10 maio 2015.

ordenamento jurídico nacional: simplesmente se aprova uma lei mais permissiva com os direitos do cidadão até então tutelados pelo Estado.

Depois do atentado aos cartunistas de Paris em 2015, essa tendência tende a aumentar, como já é constatado na França. Segundo o governo francês, cerca de três mil pessoas seriam contratadas para os serviços secretos de segurança e de justiça franceses até 2017. Outras três mil seriam vigiadas por ligações com terroristas de forma mais efetiva[59]. Segundo o canal de notícias norte-americano CNN, os membros das forças de segurança da França foram orientados a apagar seus perfis nas redes sociais[60].

Os Estados, também, podem se tornar ameaças uns para os outros. Contra os EUA, assim como também contra os britânicos, existem indícios da provável espionagem eletrônica chinesa: conhecida por *Titan Rain*, a suposta espionagem eletrônica teria sido realizada entre os anos de 2003 e 2007. Os estadunidenses só detectaram a falha em sua segurança em 2004. Há quem cogite haver uma "guerra fria" no ciberespaço.

Foram extremamente danosos os ataques cibernéticos à Estônia, em 2007. Naquele país, provavelmente por obra de *hackers* russos – ligados ou não ao governo – foi anulado ou prejudicado o acesso por três semanas ao sistema bancário, meios de comunicações tradicionais, internet[61]. Casos como o ora apresentado costumam ser negados pelos prováveis atacantes.

Os riscos evidenciados por Edward Snowden também merecem análise. Segundo ele, a NSA deveria coletar informação de inteligência apenas de alvos estrangeiros por meio de operações de inteligência do sinal[62] (SIGINT), mas, na prática, estava coletando metadados de milhões de norte-americanos – registros telefônicos, informações de *e-mails* etc. –, tudo sem autorização legal. A partir dessas informações, era possível analisar a vida de pessoas, inclusive acessando dados íntimos, como redes de amigos, romances, hábitos, preferências[63]. Frise-se que o *Freedom Act* pretende, em regra, preservar cidadãos estadunidenses de uma praxe de espionagem em massa que vinha sendo praticada durante a vigência do *Patriotic Act*[64].

---

59. PELAJO, Christiane. *Governo da França anuncia medidas de combate ao terrorismo no país*. Jornal da Globo. Edição do dia 21 jan. 2015. Disponível em: < https://glo.bo/2OF9e2Z >. Acesso em 7 fev. 2015.
60. BERCITO, Diogo. *França reforça segurança contra terrorismo*. Portal Folha. Disponível em: <https://bit.ly/2OEKMyx >. Acesso em: 8 fev. 2015.
61. IV SIMPÓSIO DE PÓS-GRADUAÇÃO EM RELAÇÕES INTERNACIONAIS DO PROGRAMA "SAN TIAGO DANTAS" (UNESP, UNICAMP E PUC/SP). *Anais*. Disponível em: < https://bit.ly/2Npb2R0 >. Acesso em: 14 jan. 2016.
62. Os "alvos" estrangeiros a serem monitorados por meio de SIGINT (acrônimo do termo em inglês *signal intelligence*) podem ser classificados como pessoas potencialmente ameaçadoras a ponto de justificar a observação e coleta de dados pelo Estado por meio da inteligência de sinais (interceptação de sinais de comunicações). A SIGINT é hoje uma "nova tendência" da inteligência.
63. HARDING, Luke. *Os Arquivos de Snowden*. Trad.: Bruno Correia e Alice Klesck. Rio de Janeiro: LeYa, 2014, p. 14.
64. CONDRON, Sean M. Getting it right: protecting american critical infrastructure in cyberspace. *In*: Harvard Journal of Law & Technology Volume 20, Number 2 Spring 2007. Disponível em: < https://bit.ly/2NX9qxg >. Acesso em: 14 jan. 2016.

A NSA teria ligado, secretamente, com ajuda de outro órgão (GCHQ[65]), interceptadores de dados aos cabos de fibra ótica submarinos que circundam o Globo . Isso para que os Estados Unidos e o Reino Unido tivessem acesso à maior parte das comunicações mundiais. O que Snowden chamou de "Tribunais Secretos" convenciam empresas de telecomunicações[66] e afins a entregar seus dados. Estariam envolvidos *Google*, Microsoft, *Facebook* e Apple, entre outros. Segundo evidências, a NSA tinha acesso direto aos servidores das gigantes da tecnologia, dando a si mesma poderes de vigilância sem precedentes[67].

O fato narrado evidencia, ainda, a necessidade de cuidado que se deve tomar com a arquitetura física das redes informáticas utilizadas pela comunidade a ser protegida. Deve-se aliar a vigilância virtual à vigilância física das estruturas por onde trafegam os dados.

Em 2011, um analista da NSA preparou uma apresentação ultrassecreta descrevendo usuários dos celulares modelo iPhone, da marca Apple, como zumbis: eram consumidores pagantes que, por possuírem tais aparelhos, passavam dados como a própria geolocalização, financiando a espionagem de si mesmos e de seus próximos. A apresentação foi publicada na revista alemã *Der Spiegel*. Além dos aparelhos da Apple, a NSA mobilizou, ainda, equipes para trabalhar com Android, BlackBerry, Facebook, Google Earth e Yahoo Messenger. Ressalta-se que dados de geolocalização são, especialmente, úteis para a espionagem, pois são excelentes fontes para análise de inteligência[68].

A posse de tais dados pelo Estado pode ensejar proteção da coletividade contra criminosos, no entanto, também representa potencial ameaça contra pessoas bem-intencionadas, das quais os dados são coletados. Há sempre um risco potencialmente excessivo de tais informações serem mal utilizadas.

A eventual ilegalidade das coletas de dados mencionadas sem mandado judicial passa a ser mais um ponto no debate. Tais dados alimentam um *software* de análise que rastreia terroristas estrangeiros fora do território dos EUA. Juízes federais estadunidenses aprovaram o *software* que, supostamente, espiona somente estrangeiros. São analisados dados informáticos, chamadas telefônicas, vídeos, voz etc. Ao longo da última década, os EUA vinham trabalhando para reunir praticamente todas as informações que entram e saem daquele país[69].

---

65. Agência de Inteligência britânica similar à NSA estadunidense. Para mais informações, acessar < https://bit.ly/13O6mbv > (sítio em inglês).
66. AT&T, maior empresa de telefonia celular estadunidense, reserva-se o direito de se utilizar de dados pessoais em algumas situações como prevenção contra descumprimentos legais em seus termos de serviço.
67. HARDING, Luke. *Os arquivos de Snowden*. Trad.: Bruno Correia e Alice Klesck. Rio de Janeiro: LeYa, 2014, p. 14.
68. Ibidem, p. 162.
69. HARDING, Luke. *Os arquivos de Snowden*. Trad.: Bruno Correia e Alice Klesck. Rio de Janeiro: LeYa, 2014, p. 161-166.

Assim, os atos praticados pela NSA, aparentemente, violam a Constituição estadunidense e o direito à privacidade consolidado nos EUA, pois a permissão legal não engloba a espionagem irrestrita de estadunidenses. Para os mais conscientes que tentam se proteger, a NSA teria colocado *backdoors*[70] secretas em *softwares* de criptografia *online*, enfraquecendo a segurança, inclusive, de transações bancárias[71].

O objetivo final da NSA[72] seria coletar tudo de todos, em todos os lugares e armazenar indefinidamente[73]. Quanto à privacidade, é certo que a posse de tantos dados, que relativiza a privacidade, pode ser útil para proteger a sociedade como um todo, se bem utilizados. Levanta-se a dúvida a respeito do que um grupo mal-intencionado poderia fazer com a análise desses dados.

A quarta emenda à Constituição estadunidense proíbe buscas e apreensões não justificadas contra cidadãos estadunidenses[74]. Interceptações de comunicações dependem de "suspeito específico" e de "causa provável", como condição de emissão de mandado judicial permissivo[75]. Na década de 1970, o presidente estadunidense Richard Nixon ordenou que a NSA grampeasse telefones de compatriotas com os quais não simpatizava. A trama se tornou pública e deu origem à Lei de Vigilância de Inteligência Estrangeira, de 1978, segundo a qual a NSA não poderia monitorar comunicações que envolvessem estadunidenses, salvo com mandado judicial. No caso do GCHQ – o parceiro britânico da NSA[76] –, o Regulamento de Atos de Poderes Investigatórios de 2000 foi interpretado de forma a oferecer para o GCHQ carta branca para vigilância em massa, podendo passar os resultados para a NSA, contanto que uma das partes interceptadas estivesse no exterior. Tudo isso ocorreu antes do atentado de 11 de setembro de 2001 em Nova Iorque[77].

Um mapa de conexões entre pessoas, conhecido por "gráfico social", só era ilegal se envolvesse estadunidenses. Tais mapas são utilizados como ferramentas de análise de inteligência.

---

70. Vírus, *backdoors*, *trojans*, *spywares* são pragas virtuais que podem ser entendidas por um leigo como armadilhas que vão fazer com que o(s) usuário(s) do equipamento infectado seja(m) levado(s) a algum prejuízo inesperado por ocasionarem atividades indesejadas no computador.
71. HARDING, Luke. op. cit. p. 14.
72. BAUMAN, Zygmunt. *Após Snowden: Repensando o Impacto da Vigilância*. Disponível em: < https://bit.ly/2O-FbxmF >. Acesso em: 14 jan. 2016.
73. HARDING, Luke. *op. cit.*, p. 14.
74. HERMAN, SUSAN N. *Os desafios do crime cibernético*. Disponível em: <https://bit.ly/2pqXaY5>. Acesso em: 8 jan. 2016.
75. VERVAELE, JOHN A. E. *A legislação antiterrorista nos estados unidos: um direito penal do inimigo?* Disponível em: < https://bit.ly/2xsBsHA >. Acesso em: 8 jan. 2016.
76. LYON, David. *As apostas de Snowden: desafios para entendimento de vigilância hoje*. Disponível em: < https://bit.ly/2xsBsHA >. Acesso em: 8 jan. 2016.
77. HARDING, Luke. *Os Arquivos de Snowden*. Trad.: Bruno Correia e Alice Klesck. Rio de Janeiro: LeYa, 2014, p. 75-77.

Sob o amparo do *Patriotic Act*, a NSA desencadeou um programa com quatro alvos operacionais: comunicações, metadados telefônicos, comunicações informáticas e metadados da internet. A intenção era coletar a maior quantidade possível de dados. Bastava que os dados passassem pelos Estados Unidos para que fossem coletados. O codinome do programa foi "Stellar Wind", assim batizado em 4 de outubro de 2001: 81% das chamadas internacionais em trânsito pelos EUA teriam sido interceptadas. É interessante saber que dados que transitam de um ponto a outro na internet, independente de origem e destino, podem passar pelo território dos Estados Unidos[78].

Em dezembro de 2005, a primeira página do jornal americano *The New York Times* trazia como manchete que George W. Bush, então presidente dos EUA, permitiu que agências do governo espionassem telefones sem autorização judicial. A espionagem estava focada apenas nas interceptações de chamadas telefônicas internacionais e no tráfego de *e-mails* de cidadãos estadunidenses. O governo dos EUA realizou varredura de *e-mails*, faxes, chamadas telefônicas e dados transacionais, que foram coletados aos bilhões[79].

Snowden explicou que a agência NSA era capaz de transformar um celular em um microfone e dispositivo de rastreamento, e deu a entender que nada na internet tradicional seria seguro. Snowden solicitou, num primeiro momento, que seu interlocutor, jornalista, utilizasse para a comunicação entre eles a rede TOR, disponível apenas na *deep web*, o que postergaria as denúncias contra si[80].

Edward Snowden descreveu, ainda, o que seria a Diretiva 20: um documento de diretriz política com alto grau de sigilo, de 18 páginas, datado de outubro de 2012, por meio do qual o chefe do Executivo estadunidense, Barack Obama, teria pedido aos funcionários sêniores da inteligência que elaborassem uma lista de potenciais alvos para ataques cibernéticos no exterior. Sob a óptica do pugilato cibernético, não se fala aqui de defesa, mas de ataque.

Outro risco está relacionado ao sentimento de coação pela consciência da vigilância. Um relatório estudado pelo jornalista Greenwald[81] conclui que um número considerável de autores parte do pressuposto de que suas comunicações estão sendo monitoradas, mudando comportamentos[82]. A consciência da vigilância pode contribuir, por si só, para a mudança de opiniões pessoais que são publicadas, verdadeiro risco à democracia pela sensação de coação.

---

78. Ibidem, p. 76-77.
79. Ibidem, p. 79-89.
80. Ibidem, p. 68-90.
81. Relatório *Efeitos arrepiantes: vigilância da NSA leva escritores americanos à autocensura*, publicado pela Fundação PEN American Center em novembro de 2013. (título traduzido do inglês)
82. GREENWALD, Glenn. *Sem Lugar para se esconder*. Trad.: Fernanda Abreu. Rio de Janeiro: Sextante, 2014, p. 190-191.

No que tange aos riscos contra o Estado e sua economia, pode-se citar como exemplo o caso do programa canadense OLYMPIA[83], que se destinava a vigiar as ações do Ministério das Minas e Energia brasileiro. Documentos demonstraram que, além de terroristas (alvos típicos relacionados à segurança nacional), a NSA praticou espionagem econômica e diplomática. A NSA, segundo Glenn, dedica-se a uma única missão maior: evitar que qualquer comunicação eletrônica, por mais ínfima, fuja do seu alcance[84].

Deve-se meditar acerca do risco à segurança nacional representado pelo terrorismo sem se esquecer do risco dessas informações chegarem ao conhecimento de quem pode usá-las de forma prejudicial, o que poderia ser tão grave quanto os riscos do terrorismo, a depender das circunstâncias. Apenas para ilustrar essa preocupação, lembro que, há alguns anos, os dados de contribuintes vazaram da Receita Federal do Brasil e chegaram a ser vendidos em mídias por "camelôs" na Cidade de São Paulo, causando desde pequenos inconvenientes até grandes tragédias pessoais.

A fim de evitar que ataques cibernéticos alcancem, também, os dados de instituições norte-americanas, em fevereiro de 2015, o presidente Barack Obama deslocou-se para a Califórnia com a finalidade de discutir segurança cibernética. O objetivo do governo era que as empresas de tecnologia compartilhassem mais informações com as autoridades em nome da segurança do país. Em contraponto, existe a intenção, por parte de algumas empresas e por parcela da população, de que a privacidade seja protegida, o que tem sido considerado um obstáculo para o governo dos EUA[85]. Em janeiro de 2015, uma semana após ataques feitos pelo Estado Islâmico ao Pentágono, o presidente americano já havia anunciado medidas para conter ataques virtuais[86]. Citaram-se anteriormente os riscos decorrentes de projetos e programas de espionagem específicos, a exemplo do Projeto Echelon[87], quando se fez referência à filosofia da interceptação[88] evidenciada por Boatti e Tavarolli.

Do outro lado do oceano Atlântico, impulsionada pelos atentados terroristas em Paris, a norma jurídica francesa relacionada à possibilidade de espionagem por parte do Estado foi aprovada pela Câmara daquele país em 2015, comparável ao *Patriot Act* estadunidense. Tal norma oferece amplos poderes ao Estado francês para espionar[89]. De acordo com

---

83. SCHELL, Bernadette H. *Internet censorship*: a reference handbook. Oxford: ABC-CLIO, 2014, p. 14.
84. GREENWALD, Glenn. *Sem Lugar para se esconder*. Trad.: Fernanda Abreu. Rio de Janeiro: Sextante, 2014, p. 190 -191.
85. SEVERIANO, Alan. *Obama faz vídeo para incentivar cadastramento no programa de saúde*. Jornal Hoje. Disponível em: <http://glo.bo/1F63APa> Acesso em: 13 fev. 2015.
86. SOTO, César. *O mundo contra os Hackers*. In: Revista ISTOÉ. ed. 21 jan. 2015, nº 2355. São Paulo: Três, 2015, p. 65.
87. LAWNER, Kevin J. *Post-Sept. 11th international surveillance activity*: a failure of intelligence: the echelon interception system & (and) the fundamental right to privacy in Europe. Disponível em: < https://bit.ly/2MP6FcL >. Acesso em: 07 fev. 2016.
88. Para mais informações sobre a filosofia das interceptações: BOATTI, Giorgio; TAVAROLI, Giuliano. SPIE: *I Servizi Segreti delle Multinazionali*: dossier, intercettazioni, guerre informatiche. Mondadori, Milano: 2008, p. 196 e ss.
89. PORTAL O GLOBO. *Câmara francesa aprova lei de inteligência que libera espionagem ilimitada nas comunicações*: edição de 5/5/2015. Disponível em: < https://glo.bo/1zKkEJO >. Acesso em: 7 maio 2015.

o projeto de Lei aprovado, é possível interceptar de forma quase ilimitada comunicações e dados (inclusive em massa), aumentando a vigilância do Estado francês contra o terrorismo[90].

Há franceses que criticam essa lei por centralizar o poder de vigilância nas mãos de pouquíssimas pessoas, dentre outros argumentos. O atual presidente da Ordem dos Advogados de Paris, Pierre-Olivier Sur, argumenta que:

> Não podemos aceitar uma lei que, eminentemente, autoriza a criação de sistemas que não só localizam pessoas, veículos ou objetos em tempo real, mas que também capturam dados pessoais baseados no que os elaboradores da lei chamam, vagamente de importantes interesses de política externa, interesses industriais, científicos e econômicos da França, prevenção da violência coletiva ou prevenção do crime e do crime organizado.[91]

O fato é que a lei foi aprovada por relevante maioria de votos: 438 contra 86. Em poucas oportunidades, durante os três primeiros anos de seu mandato, François Hollande, presidente francês, gozou de ampla maioria no parlamento francês como nessa votação[92].

A legislação brasileira não causa qualquer impacto às decisões de países estrangeiros de vigiar desmedidamente o tráfego de informações na internet. A norma brasileira não é suficiente para proteger pessoas em território nacional de uma decisão política estrangeira como essa, a qual permite a coleta de informações independentemente da presença física de agentes de outro Estado em solo brasileiro.

Todavia, nem todos estão conscientes dos riscos contra a privacidade dos cidadãos, suas famílias e suas empresas.

1.2 Riscos individuais: ameaça de privação de serviços públicos e de direitos fundamentais

Direitos individuais são passíveis de ameaça por pessoas comuns, Estados, empresas, grupos terroristas ou outros criminosos. Quando se trata de crime, remete-se a bens jurídicos caros para a comunidade. As ameaças aos direitos individuais podem ter origens diversas, incluindo aí o ambiente cibernético. Menezes e Assunção[93] citam tentativas legais e jurisprudenciais de que sejam evitadas tais ameaças, como a Constituição da

---

90. KERN, Soeren. *O parlamento francês aprova lei abrangente de espionagem de dados*. 6 de maio de 2015. Trad.: Joseph Skilnik. Disponível em: < https://bit.ly/2NRIVth >. Acesso em: 7 maio 2015.
91. *Ibidem*.
92. RIBEIRO, Gustavo. *A França e o direito de espionar*. Disponível em: < https://bit.ly/1QtYRtT>. Acesso em: 9 maio 2015.
93. MENEZES, Rafael da Silva; ASSUNÇÃO, Linara Oeiras. *Os contornos jurídicos da proteção à privacidade no marco civil da internet*. In: Governança das Redes e o Marco Civil da Internet: Liberdades, Privacidade e Democracia. Organizadores: Fabrício Bertini Pasquot Polido e Mônica Steffen Guise Rosina. Belo Horizonte: UFMG, 2015, p. 146-150

República em seu art. 5º, incisos X, XII e LX; a Lei de Imprensa[94] (Lei nº 5.250, de 1967); a Lei da Política Nacional da Informática (Lei nº 7.232, de 1984); o Código Civil, ao tratar dos direitos da personalidade; o Marco Civil da Internet (Lei nº 12.965, de 2014); e as decisões a recursos especiais (REsp), como o REsp 1.335.153-RJ e o REsp 1.334.097-RJ, de relatoria do Min. Luís Felipe Salomão, julgados em 28 de maio de 2013. Como se vê, o ordenamento jurídico nacional é redundante ao proteger tais direitos.

Assim como os riscos podem ser relativizados pela sociedade organizada, o engajamento social pode reduzi-los de forma significativa. Dentre os riscos individuais mais evidentes, estão o risco à privacidade, intimidade, negação de serviços públicos diretos ao cidadão, dentre os quais o risco de fraude em votações realizadas apenas por meios informáticos. A respeito desse último, não é por acaso que países desenvolvidos não têm adotado o voto eletrônico para eleger representantes. O uso de meios informáticos em eleições pode configurar risco para o indivíduo, para o Estado e para as instituições.

Glenn Greenwald, jornalista que teve acesso aos dados de Snowden, declarou-se surpreso pelo tamanho e pela abrangência dos dados da vigilância secreta norte-americana, com sistemas implementados quase sem prestação de contas, transparência ou limite. Foram alvo de vigilância, em massa e indiscriminada, inclusive países aliados dos Estados Unidos. O jornalista descreveu a vigilância de satélites e relatou que, no período de um mês, uma única unidade da NSA havia coletado, em apenas um sistema, dados acerca de mais de três bilhões de chamadas telefônicas realizadas pela internet, além de *e-mails*. Em apenas trinta dias, usando todas as suas ferramentas, aquela unidade coletou 2,3 bilhões de dados de *e-mails* e chamadas somente do Brasil[95].

Governos de todas as partes do Planeta têm se esforçado para adestrar seus cidadãos a desdenhar a própria privacidade, convencendo pela tolerância às invasões ao universo privado, na opinião de Greenwald. Os defensores da vigilância abordados pelo jornalista opinaram que a privacidade é para quem tem algo a esconder. Apesar disso, nenhum deles se dispôs a entregar a senha de seu *e-mail*. Da mesma forma, na oportunidade em que a presidente do Comitê de Inteligência do Senado estadunidense, Dianne Feinstein, discorreu que a coleta de dados da NSA não configurava vigilância, uma vez que não inclui o conteúdo de nenhuma comunicação, usuários da internet peticionaram para que ela respaldasse sua afirmação com atos, publicando, uma vez por mês, uma lista completa das pessoas com quem havia trocado *e-mails* e telefonemas, especificando a

---

94. O Supremo Tribunal Federal, por meio da ADPF 130, julgou a Lei de Imprensa incompatível com a Constituição Federal de 1988. O Ministro Carlos Ayres Britto, então relator, votou pela incompatibilidade total da Lei de Imprensa com a atual ordem constitucional. Na oportunidade, o Ministro considerou a liberdade de imprensa irmã siamesa da democracia. Salientou, ainda, que a imprensa não pode sofrer antecipado controle nem mesmo por força do Direito-lei; não havendo espaço constitucional para que o Estado adentre em matérias que são da essência da liberdade de imprensa.
95. GREENWALD, Glenn. *Sem lugar para se esconder*. Trad.: Fernanda Abreu. Rio de Janeiro: Sextante, 2014, p. 97-99.

duração das chamadas e a sua localização física e de seus interlocutores. Obviamente, tais pedidos não foram atendidos[96]. Ao que parece, aqueles que mitigam a privacidade alheia não estão dispostos a abrir mão da própria privacidade.

Podem ser citados como motivações para que órgãos governamentais vigiem as pessoas por meio de redes informáticas, atenuando, sobremaneira, a privacidade: o agravamento das desigualdades sociais, o terrorismo, tensões entre Estados, espionagem acerca de tecnologias, estudo de ambiente político, autodefesa, planejamento para ataques de toda forma (inclusive não bélicos), controle sobre qualquer forma de instabilidade, fortalecimento de poder, dentre outros.

Há pessoas que se expõem voluntariamente por meio da internet, limitando sua privacidade em algum grau. Um exemplo disso é o caso do primeiro-ministro canadense, Stephen Harper: a imprensa canadense divulgou que Harper seguia Homer Simpson, personagem de desenho animado, no *Twitter*. Logo após a divulgação das contas que seguia, o primeiro-ministro deixou de seguir o personagem[97]. Essa exposição é considerada voluntária, já que está disponível a qualquer um que acesse a rede, e só ocorre porque o próprio usuário decidiu tornar a informação pública. Quando alguém divulga qualquer informação na rede, sujeita-se a alguns riscos, dentre os quais o de ter a informação amplamente divulgada, inclusive fora da internet. Esses casos de auto exposição são considerados menos relevantes para este estudo, haja vista que, aí, a limitação à privacidade decorre de um ato voluntário do indivíduo que torna pública uma informação a seu respeito.

Em contraponto, alguns que utilizam a rede de computadores têm maior preocupação com privacidade. São pessoas que tomam precauções para não ter suas contas de *e-mail* invadidas e seus documentos pessoais divulgados. A despeito de eventuais cuidados do usuário, as novas tecnologias tornam cada vez mais difícil a tarefa de manter dados pessoais em sigilo.

Os avanços tecnológicos se incorporam progressivamente ao dia a dia das pessoas. Com a popularização de determinada tecnologia, as facilidades que ela possibilita são incorporadas à vida dos usuários. Os *smartphones* são ótimos exemplos disso, facilitando, de forma evidente, a vida de seus usuários. As pessoas, conhecendo ou ignorando os riscos, acabam sujeitando-se a eles em troca das facilidades que proporcionam: um mesmo aparelho serve para fazer e receber ligações, enviar mensagens de texto, acessar redes sociais, tirar fotos, enviar e receber diversos tipos de arquivos, acessar *e-mails*, auxiliar no deslocamento por

---

96. Ibidem, p. 183-185.
97. APF. *Primeiro-ministro canadense deixa de seguir Homer Simpson no Twitter*. Disponível em: < https://bit.ly/2P-SUJbX >, consultado em 26 jun.14.

uma cidade desconhecida, fugir de congestionamentos, controlar a dieta ou as finanças, entreter-se com jogos, armazenar músicas, servir como calculadora etc.

Por essas e outras tantas funcionalidades, os *smartphones* se tornaram o grande símbolo de uma época em que os indivíduos sentem necessidade de estar conectados todo o tempo e de resolver diversos problemas usando um único dispositivo. Toda essa comodidade, porém, depende do uso de dados do usuário, que tem como característica marcante a conectividade plena.

É comum que pais presenteiem seus filhos com *smartphones* que possuem tecnologia de geolocalização. Por meio de aplicativos, os pais podem saber exatamente a localização dos telefones de seus filhos. É provável que a intenção principal dos pais controladores ao escolher o presente seja a de vigiar seus filhos, sabendo quais locais eles frequentam. O intuito de vigiar pode ser proteger, mas, ainda assim, vigiar. Situação diferente é aquela em que o marido ciumento presenteia sua esposa com o mesmo moderno e funcional *smartphone*. Talvez, ele, também, queira vigiar. O presente, a despeito de útil, certamente diminui a privacidade do usuário vigiado por meio da rede. Se o cônjuge souber a motivação do presente, talvez o rejeite ou procure saber como evitar que a vigilância se torne efetiva.

Entretanto, como já demonstrado, os pais controladores e os cônjuges ciumentos não são os únicos que se interessam pelos dados que podem ser transmitidos por *smartphones*: alguns governos – para que se fale somente deles – podem monitorar todos os dados registrados por um *smartphone*, o que inclui dados privados, como trocas de mensagens. Isso e muito mais pode ser captado a partir de um *smartphone*.

Esse verdadeiro aparelho espião, ao mesmo tempo, facilita o dia-a-dia dos usuários, oferecendo opções práticas para comércio eletrônico, diversão, entretenimento, viagens e investimentos. São tantos os benefícios para os usuários que até mesmo a parcela que sabe dos riscos opta por assumi-los.

Quando se "crackeia"[98] um *software* – em geral para utilizá-lo sem pagar por ele –, assumem-se vulnerabilidades em sistemas informáticos que podem facilitar a violação dos dados trocados usando aquele dispositivo. Se utilizar um produto registrado já representa risco de invasão à privacidade, muito maior é o risco de instalar um *software* feito por um desconhecido que sabe informática o suficiente para "crackear" um programa. Isso ocorre porque os sistemas podem ser manipulados a fim de coletar dados de interesse com o envio pela rede mundial de computadores. Esses dados podem incluir informações de

---

98. "Crackear" significa utilizar algum tipo de programa ou mecanismo para quebrar um sistema de segurança. No caso específico aqui tratado, o "crack" é utilizado para enganar sistemas de autenticação de *softwares*, a fim de utilizar programas piratas ou sem o pagamento da licença ao proprietário.

localização, áudios e imagens gravadas sem o conhecimento do usuário, senhas de contas da internet, dentre outros.

Outro risco que se assemelha com o risco à privacidade é o da negação de serviços, sendo que há tendência de maior vulnerabilidade entre os serviços públicos. A vulnerabilidade das redes de computadores pode impactar o cotidiano de muitos brasileiros, inclusive dos que não utilizam redes de computadores diretamente. Mesmo comunidades situadas nos mais distantes rincões do Brasil sofrem alguma influência de máquinas ligadas em rede: se, no momento em que necessitam de um serviço, a rede não está em funcionamento adequado, podem ficar sem atendimento médico, sem energia elétrica, sem o apoio oportuno que poderia até salvar vidas. Grande parte dos serviços públicos disponibilizados é controlada por redes de computadores, inclusive serviços críticos, a exemplo de geração de energia, tratamento e distribuição de água, serviços de transporte, controle de tráfego aéreo, dentre outros.

Um risco relevante está relacionado com as ameaças a direitos individuais por parte de grandes corporações de telecomunicações, como o Google. Para entendê-las, deve-se ter em mente que todo produto ou serviço oferecido "graciosamente" precisa de algum tipo de financiamento[99]. Outro ponto a ser destacado: normalmente, os investimentos visam o lucro.

Ron Ploof[100] afirma que o *Facebook* tomou decisões de muita relevância no âmbito da privacidade[101], induzindo o pensamento de que teriam sido decisões tomadas por adolescentes com pouca maturidade. Segundo Sánchez-Ocaña, o Facebook tem acesso a determinados dados que o *Google* não pode escanear nem obter[102].

Tal informação é de grande relevância, pois uma das vantagens competitivas do Google foi, por muito tempo, ser aquele que melhor conhecia os usuários, podendo prever, portanto, suas condutas. O *Facebook*, por sua vez, só pela análise do botão "curtir", pode analisar preferências dos usuários, oferecendo publicidade ainda mais direcionada[103]. Trata-se de concorrência ameaçadora.

É sabido que uma das fontes de lucro dessas corporações é o conhecimento do usuário, podendo, com isso, prever suas preferências de consumo. Naturalmente, para melhor

---

99. SÁNCHEZ-OCAÑA, Alejandro Suárez. A *Verdade por trás do Google*. Trad.: Sandra Martha Dolinsky. São Paulo: Planeta, 2013, p. 139.
100. Especialista em criação de conteúdos na rede há 27 anos.
101. A política de privacidade do *Facebook* inovou, aumentando significativamente o potencial dos resultados da análise de dados realizada pela corporação a respeito de seus usuários. Para mais detalhes, acessar: < https://bit.ly/1FaSm9N >.
102. SÁNCHEZ-OCAÑA, Alejandro Suárez. op. cit., p. 140-141.
103. *Ibidem*, p. 141.

conhecer o usuário, mais se viola sua privacidade. Uma vez que conhecem as preferências do usuário, as gigantes da internet podem direcionar melhor a publicidade específica para cada perfil. E, quanto mais direcionada a publicidade, mais se pode cobrar por ela e maior é o lucro dos seus veiculadores. Sugiro que realize a seguinte experiência: acesse o *site* de alguma loja virtual a partir de um computador pessoal e busque por alguns produtos específicos. Pode ser uma passagem aérea para um local onde você nunca esteve. Depois disso, verifique que a publicidade ofertada em outras buscas na internet, em *sites* sem qualquer relação de conteúdo com o anterior, será, muitas vezes, relacionada com os produtos visitados anteriormente.

Pode-se presumir que quem se dispõe a ter uma conta no Facebook abre mão de parte considerável de sua privacidade, o que inclui a totalidade dos dados que posta nessa rede social: fotos, dados de acesso, *check-ins*, curtidas etc. Um usuário médio do Facebook expõe hábitos de consumo, familiares e preferências em geral (cidades, times de futebol, estilo musical, leituras, filmes etc.). Usuários das redes sociais disponibilizam, voluntariamente, informações a respeito de si e de seus entes mais próximos que permitem que se chegue a várias conclusões acerca deles e de sua rotina. Não raramente as informações pessoais vêm acompanhadas de fotos ilustrativas e dados de geolocalização que confirmam os dados.

Pedro J. Ramirez, diretor do periódico *El Mundo*, líder dentre os prestadores de informação na Espanha, contou uma experiência própria: sua filha foi estudar no exterior. Na oportunidade em que foi recebido na universidade, ele conversou com o responsável pelas admissões, e este lhe disse que, durante o processo de seleção, haviam se informado a respeito do pai da então candidata por meio da versão inglesa da Wikipedia. Mostraram-lhe informações que, segundo o próprio Ramirez, eram corretas. Assépticas e superficiais, mas corretas. Houve apenas uma exceção, segundo o diretor: no tópico "vida pessoal", dizia que ele vivia uma relação como amante de Ralph Lauren. Pedro explicou que, à saída de um evento, Ralph Lauren esperava-o de carro para um passeio na cidade, sob o olhar dos presentes, o que teria motivado a inclusão da informação falsa em sua descrição. Em razão desse suposto engano cometido pelo autor dessa informação postada na internet, logo foi oferecido o endereço IP de quem cometeu aquele "vandalismo informativo", o que permitiu sua identificação.[104]

O detalhe mais interessante desse caso é que o IP do autor foi ofertado por Larry Page, então diretor executivo do Google. É intrigante que o diretor do Google estava certo de conseguir o endereço eletrônico utilizado em um, alheio ao *Google*, a *Wikipedia*. Talvez, esse seja um indício digno de preocupação em se falando de privacidade[105]. Como

---

104. SÁNCHEZ-OCAÑA, Alejandro Suárez. *A verdade por trás do Google*. Trad.; Sandra Martha Dolinsky. São Paulo: Planeta, 2013, p. 154-158.
105. *Ibidem*, p. 157-159.

se não bastasse, Sánchez-Ocaña afirma que o Google almeja o monopólio de acesso à informação, oferecendo-se para coletar mais e mais conteúdo na internet.

Além das buscas em geral, outra ferramenta bastante popular do Google é o *street view*. Com ela, percorre-se um bairro inteiro sem sair da frente do computador ou do celular. O *street view* permite visitar, virtualmente, a frente de todas as casas de uma rua. Para alguns, a ferramenta é considerada uma maravilha; para outros, uma ameaça, inclusive uma relevante ameaça à privacidade. Mary Kalin-Casey, moradora de Nova Iorque, ressaltou a inquietude de ter visto pelo *street view* seu gato de estimação, um quadro de sua avó, dentre outros objetos de valor; tudo isso disponível na internet. São imagens colhidas sem prévia autorização por parte das pessoas que nela aparecem, e em situações que podem ter trágicas consequências, inclusive de imagens sujeitas a interpretações equivocadas. Quanto a isso, existe uma conhecida imagem de uma mulher urinando na rua, gente com roupa íntima, ruas de prostituição com movimento de pessoas etc.[106]

Em 2010, o *Google* anunciou que coletou, "acidentalmente", dados pessoais, inclusive endereços de *e-mails* com senhas, por intermédio de redes *wi-fi* abertas (não protegidas por senha) que seus carros acessavam enquanto fotografavam as ruas. No ano seguinte, o Google foi sancionado na França por violar normas de respeito à privacidade. Segundo a Comissão Nacional de Informática e Liberdade (CNIL) francesa, os dados pessoais obtidos sem consentimento incluíam senhas, mensagens de amantes adúlteros e detalhes de operações bancárias *on-line*.

Da mesma forma, foram coletados dados privados na Irlanda[107]. No Brasil, instrumentos jurídicos de controle para evitar a manipulação de dados não têm sido efetivos: o governo federal defendeu que grandes provedores de serviços de internet seriam obrigados a instalar estruturas de processamento de dados no Brasil, contudo o artigo do Marco Civil da Internet que obrigaria tal conduta não avançou no Congresso Nacional[108]. Mesmo que tivesse sido aprovado, tecnicamente seria de difícil efetividade.

Ainda no que tange à esfera individual, o risco relacionado a novíssimas tecnologias – como a nanotecnologia –, também, merece destaque, ainda que não seja unicamente individual. A nanotecnologia pode quebrar criptografias até então consideradas seguras, potencializando riscos[109]. Trata-se de um risco cibernético relacionado com a velocidade de processamento e que pode impactar de forma contundente, o (des)respeito à lei. Essas tecnologias podem tornar vulneráveis chaves criptográficas utilizadas, hoje em dia, para

---

106. Ibidem, p. 243.
107. Ibidem, p. 250-251.
108. SÁNCHEZ-OCAÑA, Alejandro Suárez. A verdade por trás do Google. Trad.: Sandra Martha Dolinsky. São Paulo: Planeta, 2013, p. 250-251.
109. MARTINS, Elaine. É hora de descobrir os segredos da computação quântica. Disponível em: < https://bit.ly/1kY-zVfL >. Acesso em: 13 fev. 2015.

proteção de dados utilizados comercialmente. Ressalto, por exemplo, que todo procedimento bancário realizado pela internet é baseado em criptografia. Caso a criptografia de uma operação como essa esteja comprometida, muito vulnerável se torna a segurança dos indivíduos, até que apareça uma nova tecnologia que a substitua.

Tecnologias chamadas proprietárias – diferentemente de um *software* livre – podem conter o que é conhecido por "bomba lógica": dispositivos que funcionam independentemente da vontade e concordância do usuário, inseridos com o conhecimento do fabricante e que vulnerabilizam o usuário em algum grau. A "bomba lógica" pode ser inserida em um aparelho informático ligado à internet para que esse envie dados pessoais de periodicamente para determinado destinatário. Existem outros nomes pelos quais é conhecida em ambiente virtual, assim como existem outros dispositivos que colocam em risco a segurança do usuário sem o seu consentimento.

Além dos programas que já vêm nos próprios equipamentos, há programas maliciosos que podem infectar dispositivos informáticos ao instalar *softwares*, sendo tão maior o risco quanto mais desconhecida for a procedência do que se insere num computador pessoal ou outro dispositivo ligado em rede. A respeito desse assunto, há uma matéria do Supremo Tribunal Federal a ser analisado no terceiro capítulo.

Ademais, para Wu, protocolos abertos – como alguns oferecidos pelas gigantes Google e Apple – facilitam a fusão de tecnologias de diferentes corporações e o controle de como a humanidade irá partilhar informações. Tudo é feito por meio de monopólios da informação, evitando a criação de concorrentes em razão do modelo oferecido[110]. Uma das vantagens da integração desses protocolos é facilitar a vigilância da tecnologia fundida por parte das grandes corporações. Os monopólios dos canais de informação podem ser mais um grande risco para a comunidade, até por fomentar a não regulação de alguns parâmetros adotados sob pena de inviabilizar, por normas, o trânsito de dados em determinada área jurisdicional. Na prática, em razão dos modelos adotados pela internet, a inviabilidade será apenas legal, como já evidenciado em intervenções jurídicas de grandes companhias de mídia que não conseguem evitar o compartilhamento não autorizado de obras das quais são proprietárias, por exemplo, músicas ou filmes. Seus atos apenas evitam parte desses compartilhamentos contra sua vontade.

O risco da cessão de dados pessoais para processamento externo, com finalidade econômica, também, assombra. O Google trabalha com dados: financia pesquisas para conhecer os seres humanos de forma tão pessoal e profunda que pretendem, por exemplo, monitorar e combater doenças a exemplo do câncer por meio da nanotecnologia[111].

---

110. WU, Tim. *Impérios da comunicação*: Do telefone à internet, da AT&T ao Google. Trad.: Cláudio Carina. Rio de Janeiro: Zahar, 2012, p. 323-328.
111. OLHAR DIGITAL. *Google quer entrar no corpo das pessoas usando a nanotecnologia*. Disponível em: < https://bit.ly/2pp7kZ2 >. Acesso em: 14 fev. 2015.

Trata-se de uma verdadeira maravilha da ciência, que pode aumentar a expectativa de vida, prevenir e auxiliar no tratamento de doenças.

Porém, lado a lado com as maravilhas da tecnologia, aparecem os riscos decorrentes do seu uso. Com o monitoramento, a entidade acaba coletando informações pessoais preciosas, como se fosse um laboratório ou centro médico. Tais dados nas mãos de quem vive de vender informações potencializa alguns riscos decorrentes de o fato de informações personalíssimas serem compartilhadas com terceiros.

Outro agravante é que as informações são coletadas eletronicamente e processadas por computadores, podendo, então, ser alvo de ataques cibernéticos na hipótese de os dispositivos estarem conectados à rede mundial de computadores.

Aliado ao risco apresentado, deve-se atentar para o fato de que empregadores podem desejar informações acerca de quais funcionários devem contratar e quais devem demitir para maximizar seus lucros. Em outras palavras, ainda que não se tenha intenção declarada, seria altamente lucrativo explorar dados tão pessoais que têm relação direta com a probabilidade de adoecimento de uma pessoa. Existem grandes benesses e grandes riscos envolvidos. Ainda que alguém possa utilizar esse tipo de dados de forma pouco ética, por outro lado eles são muito úteis na prevenção de enfermidades.

Talvez, uma alternativa contra a vigilância indesejada seja uma vigilância ainda maior a respeito de quem nos vigia, relativizando, assim, os riscos. É natural que essa solução careça de regulamentação e de regulação. Tal assertiva foi inspirada numa afirmação do professor Carlos Ayres Britto, em exposições por ele proferidas no grupo de pesquisa que coordena no UniCEUB, durante a realização da pesquisa que culminou neste livro, ao lecionar que um remédio para o "excesso" de liberdade na imprensa é mais liberdade.

Os governos podem prestar um serviço de utilidade pública financiando a atenuação dos riscos cibernéticos por meio do investimento no uso da tecnologia disponível para esse fim e na capacitação de pessoal especializado.

Uma vez que a preocupação recai sobre pontos sensíveis de segurança, vigiar quem vigia a sociedade deve ser implementado de forma compensadora e sem ingerência política. O risco de aumentar a vigilância na rede pode ser potencializado, caso essas atividades sejam controladas por pessoas que as façam com interesses políticos partidários. O ideal é que o serviço seja feito por técnicos especializados, a partir de decisões que representem os anseios da sociedade. Em casos como esse, nos quais se pretende que não haja ingerência política direta sobre as atividades, a regulamentação de verba independente, com vistas à autossuficiência, é um fator de grande importância.

1.3 Riscos para empresas e empreendedores

Os riscos inerentes às sociedades empresárias no ciberespaço são riscos privados que refletem no Estado e no bem comum. Até mesmo instituições bancárias transnacionais, a exemplo do HSBC[112], têm sido atacadas com êxito, gerando receio por parte dos seus dirigentes, acionistas e investidores. A geração de empregos e renda e o pagamento de tributos por parte de empresas, por si só, já justificaria o envolvimento da sociedade na defesa dessas empresas. Se a defesa cibernética provida pelo Estado se desenvolve adequadamente, todos tendem a se beneficiar direta ou indiretamente.

Ataques cibernéticos podem estimular concentração econômica e abusos que acabam por comprometer a livre concorrência. Tal fato acontece pela possibilidade de espionagem numa rede informática ou outra forma de ilícito realizável por meio de redes. Ressalto que, hodiernamente, é possível o controle de muitas máquinas a distância, oferecendo meios para diversas atividades danosas, tais como manipulação ou sabotagem. Exemplos recentes de ameaça significativa a atividades empreendedoras vieram à tona quando agentes dos Estados Unidos foram denunciados por Edward Snowden por espionarem a Petrobras , como citado anteriormente. Empresas como o Google, segundo Pozzobon e Pozobon[113], possuem instrumentos aptos a auxiliarem atos de espionagem.

Edward Snowden fez advertências para o que ele considerou um excesso cometido pelo seu país natal, os Estados Unidos: espionagens de todo tipo, principalmente cibernética e de tráfego telefônico, que acarretam prejuízos, inclusive, para empresas. Segundo ele, a privacidade está ameaçada pela inteligência estadunidense e, com ela, outros bens jurídicos tutelados por constituições de diversos países pelo mundo.

O secretário executivo da entidade que zela pela governança da internet no País, o Comitê Gestor da Internet no Brasil (CGI.br), ao explicar a pressão da sociedade global por uma gestão internacional da rede, comentou que os Estados Unidos podem desligar a internet de qualquer país a qualquer momento[114].

O secretário Glaser, da CGI.br, informou que os Estados Unidos, em parte pressionados pelo escândalo descrito por Snowden, concordaram em abrir mão da tutela que exercem sobre a Corporação da Internet para Designação de Nomes e Números (ICANN),

---

112. CRUISE, Sinead. *HSBC says internet banking services down after cyber attack*. Disponível em: < https://reut.rs/1nsh0yN >. Acesso em: 7/2/2016.
113. POZZOBON, Tanise; POZOBON, Rejane de Oliveira. *O que o Google sabe sobre você? Primeiras observações sobre direcionamento de informações*. In: Revista do programa de pós-graduação da Universidade Federal Fluminense nº 32. Rio de Janeiro, UFF, 2015, p. 8-19.
114. BBC. *EUA podem desligar a internet de qualquer país*, diz comitê brasileiro. Disponível em: < https://glo.bo/2O3XY3a >. Acesso em: 11 jul. 2015.

entidade que administra questões técnicas importantes para o funcionamento da rede, como a distribuição de domínios (endereços eletrônicos da internet)[115].

Modernamente, a maior parte das grandes empresas trabalha no sentido de criar vínculos na internet, muitas vezes canais de vendas e de comunicação. Por vezes, pequenos empreendedores, dada a pouca disponibilidade de recursos, utilizam-se de *sites* de terceiros – como *sites* de leilões ou de classificados – para expandir suas vendas. Tal fato amplia os negócios desses pequenos atores no mercado e, por consequência, gera um aumento da qualidade de vida dos empreendedores envolvidos e seus funcionários, além de maior satisfação de clientes, que passam a ter a comodidade de realizar operações pela internet.

Ameaçar a segurança na internet pode implicar em ameaçar as próprias empresas que utilizam a rede mundial e, naturalmente, isso traz reflexos para a sociedade em aspectos como economia e segurança. A má utilização ou a negação do serviço da rede mundial de computadores causaria prejuízos que transcendem o que, corriqueiramente, se imagina. O mau funcionamento da rede mundial de computadores ameaça a economia em aspecto macro, pois, a partir de serviços gerenciados por computadores em rede, são operadas redes elétricas, redes logísticas e tantas outras atividades essenciais aos setores produtivos. Tais riscos podem ser controlados, ou ao menos relativizados, graças a uma boa estrutura estatal de proteção cibernética.

Uma companhia do porte da Petrobras deve ter como escopo o fomento tecnológico para que o País detenha tecnologias de interesse; geração de empregos de qualidade, geração de renda; transformação do seu conhecimento tecnológico em produtos que gerem recursos para a sociedade brasileira e para a companhia. Os tributos advindos da comercialização de produtos e serviços podem ser altamente relevantes para a coletividade.

Quando um projeto tecnológico é espionado, há perda tecnológica estratégica para a empresa e para o Estado brasileiro, principalmente ao se considerar, no exemplo, que a Petrobras possui algumas tecnologias de ponta das quais ela é a única detentora. A Petrobras, na hipótese de vazamento de informações estratégicas ligadas à sua atuação comercial, tem muito a perder e, juntamente com ela, a sociedade brasileira: perde na diminuição do número de postos de trabalho, na redução do valor arrecadado pelo recolhimento de tributos, na criação de novos potenciais concorrentes estrangeiros, dentre outros.

A internet elimina o conceito de corporação unidimensional, impessoal e massificada, demandando profunda mudança na forma como o Direito deve encarar o relacionamento

---

115. *Ibidem*.

entre tais atores. O Direito precisa de atender à sociedade digital, e o fará usando os instrumentos que o Estado possui[116]. Enquanto for possível, suportará esse dever a partir de boas relações sociais. Em casos de necessidade, pelo Direito; e, quando não restar alternativa para manter a ordem legal, terá que utilizar da força, que, no caso de redes informáticas, depende dos técnicos que atuam com o que se chama de defesa cibernética. A maior parte dos países destina recursos consideráveis para serem defendidos pelos profissionais da guerra e, em segundo plano, pelos órgãos de segurança pública. O ciberespaço é um bem jurídico ímpar e estratégico, cujo mau uso pode contrapor-se à segurança nacional. Todos esses participam da Defesa Cibernética.

O Direito deve buscar equilibrar, também na internet, interesses comerciais, privacidade e interesses de Estado, visando a melhor servir à sociedade. Busca-se o equilíbrio por meio de vigilância e punibilidade, definidas pelo ordenamento jurídico[117]. Empresas disputam consumidores na internet, por vezes mitigam a privacidade alheia, mas, também, merecem a proteção da sociedade e do Estado para que continuem a agregar valor a partir do trabalho.

O risco relacionado ao alto valor da tecnologia e do conhecimento é relevante porque torna o empreendedor e a empresa alvos compensadores de ataques cibernéticos. A consciência da importância do valor da tecnologia e do conhecimento justifica investimentos estatais na atividade de defesa no ciberespaço.

Para mensurar o prejuízo do furto de uma tecnologia de ponta, pode-se constatar que tecnologias valiosíssimas, protegidas unicamente por segredo industrial, perdem valor abruptamente quando são difundidas ou ao menos deixam de ser sigilosas. O tempo, também, pode desvalorizar tecnologias dominadas. Porém, esse processo tende a se acelerar em virtude da espionagem cibernética.

Grande parte dos países em desenvolvimento tem tentado agregar valor à sua economia industrializando produtos localmente, mas a maioria deles não fez progressos significativos. Apenas alguns poucos avançaram em processos como *catching-up*[118]. O desenvolvimento tecnológico tem se mostrado fator fundamental para o desenvolvimento econômico das nações. Em economias centrais, mais da metade do desenvolvimento econômico de longo prazo tem origem em mudanças tecnológicas que alimentam a produtividade, melhorando o desenvolvimento de novos produtos, processos e novos ramos

---

116. PINHEIRO, Patrícia Peck. *Direito Digital*. 2. ed. São Paulo: Saraiva, 2007, p. 1-2.
117. *Ibidem*, p. 43.
118. Procedimento a partir do qual um país tecnologicamente avançado em determinada tecnologia auxilia um Estado menos desenvolvido a alcançar o dito desenvolvimento, ganhando competitividade tecnológica e econômica decorrente da referida ajuda.

de atividades[119]. Tais atividades devem ser fomentadas e protegidas pela sociedade que delas se beneficia.

A aptidão tecnológica refere-se à condição de fazer uso efetivo de conhecimento tecnológico quando se deseja assimilar, utilizar, adaptar ou mudar tecnologias em uso. Isso inclui a capacidade de assimilar conhecimento e, a partir dele, gerar novo conhecimento. Compreende a produção, o investimento e a inovação. O acúmulo de aptidões tecnológicas, ao longo do tempo, fomenta industrialização de nível maior valor agregado, com o consequente desenvolvimento socioeconômico[120]. Se as atividades de defesa cibernética fomentadas pelo Estado podem proteger valores que geram desenvolvimento sinérgico para toda a comunidade, o Estado deve, para seu próprio bem, fazê-lo.

A industrialização pode ser acelerada pela imitação, o que não implica, necessariamente, falsificação ou clonagem de mercadorias. A imitação pode ser uma atividade legal, que não envolve violação de propriedade intelectual[121]. Se a imitação é precedida de invasões cibernéticas com foco em espionagem industrial, traz grandes prejuízos para as empresas, o ambiente acadêmico e o governo que foram vítimas dessa atividade. A depender do tamanho do prejuízo socioeconômico, pode ameaçar até mesmo a segurança nacional. Deve-se ter sempre em mente que, quando as empresas são ameaçadas, junto com elas, é ameaçado o desenvolvimento social que geram, aí incluídos empregos e renda gerados e os impostos arrecadados.

A proteção das sociedades empresárias contra ataques cibernéticos pode até ser realizada pela iniciativa privada, mas o Estado pode e deve implementar políticas públicas a fim de proteger as empresas desse tipo de vulnerabilidade, pois, mesmo em uma visão egoística, estaria, em última análise, protegendo a si próprio. Esse raciocínio é evidenciado, inclusive, pelo cumprimento da função social das empresas: ela deve favorecer a sociedade, e esta deve tomar medidas para fomentar e preservar aquela.

A capacitação tecnológica é, em regra, complexa e influenciada por fatores como: ambiente de trabalho, nível de desenvolvimento tecnológico nacional, políticas públicas, educação formal, viés sociocultural e estrutura organizacional. As fontes do aprendizado tecnológico podem ser os esforços internos das sociedades empresárias, da comunidade nacional e da comunidade internacional[122]. Adiciono a esses fatores a própria disponibilidade de uma rede de computadores livre, veloz, irrestrita e segura. A partir de redes de computadores seguras, as pesquisas tecnológicas podem refletir conhecimentos sinér-

---

119. KIM, Linsu. *Da imitação à inovação: a dinâmica do aprendizado tecnológico da Coréia.* Campinas: Unicamp, 2005, p 13-16.
120. *Ibidem*, p. 16-18.
121. *Idem*, p. 27.
122. KIM, Linsu. *Da imitação à inovação: a dinâmica do aprendizado tecnológico da Coreia.* Campinas: Unicamp, 2005, p. 145.

gicos trocados entre pesquisadores, usuários em potencial da tecnologia desenvolvida ou aperfeiçoada e outros interessados. Limitar sobremaneira, portanto, o uso da internet não é uma solução razoável, pois as tecnologias da informação, atualmente, fomentam o desenvolvimento de quase todos os ramos econômicos em maior ou menor escala.

Das fontes apresentadas, a comunidade internacional constitui, por vezes, a mais relevante para sociedades empresárias em processo de *catching-up*, pois, quando mudanças tecnológicas são implementadas em países desenvolvidos, são criadas oportunidades favoráveis em países que tentam diminuir seu atraso tecnológico. Empresas que desenvolvem uma rede ampla e ativa com a comunidade internacional fortalecem sua própria capacidade tecnológica[123]; no entanto, carecem ainda mais de proteção, já que lidam, também, com patrimônio de terceiros estrangeiros. A distância suscita o uso de redes informáticas para o trânsito de informações, e eventuais prejuízos para o Estado e a sociedade são agravados pela possibilidade de indenização a empresas estrangeiras caso haja vazamento de informações estratégicas, resultando na perda de recursos escassos. Mesmo em hipóteses de culpa concorrente, o prejuízo pode existir e deve ser evitado.

É vantajoso para a sociedade investir na sustentabilidade das sociedades empresárias. E a segurança cibernética é mais uma forma de investimento que favorece a todos, inclusive as empresas. Quando se busca resguardar empresas, protege-se, também, a economia, pela consequente potencialização de segurança no trânsito de informações por redes informáticas.

Apenas para citar modelos de países mais desenvolvidos tecnológica e economicamente, hoje se cogita prover segurança cibernética a partir de parcerias público-privadas[124]. O referido modelo, mediante análises e adequações, pode ser importado e aplicado à realidade brasileira. Com um contrato bem redigido, eventual parceria pode ser um ganho para o parceiro privado e para a sociedade como um todo.

---

123. Ibidem, p 145-146.
124. KESAN Jay P; HAYES Carol M. Mitigative counterstriking: self-defense and deterrence in cyberspace. In: *Harvard Journal of Law & Technology*. Volume 25, Number 2 Spring 2012. Disponível em: < https://bit.ly/2NZykwj >. Acesso em: 14 jan. 2016.

2. O PUGILATO CIBERNÉTICO E O DIREITO À PRIVACIDADE

A despeito de antiga, a dicotomia entre coletividade e individualidade continua a fazer parte de discussões em diversos ramos das ciências sociais. Quanto ao aspecto coletivo, Carlos Ayres Britto refere-se à comunidade como evolução da sociedade[125]. No contexto atual, é questionável se é mais conveniente para uma comunidade democrática o direito à privacidade ou a segurança contra potenciais ameaças que as redes informáticas podem oferecer ou potencializar. Nessa polêmica, não devemos deixar de lado os conceitos de centralidade individual e de coesão social, necessários à evolução democrática.

Inicialmente, há que considerar que grandes riscos estão presentes tanto em uma quanto em outra opção. No entanto, tais riscos podem ser controlados pela própria comunidade, para que permaneçam em níveis aceitáveis. Beck[126] aduz, em sua obra, que a resistência ao terrorismo pode abrir caminho para uma grande política contra um oponente comum: o terror.

Segundo pesquisa de 2015, patrocinada pela Anistia Internacional e conduzida pela YouGov[127], populações de 13 países – incluindo os Estados Unidos e o Brasil – opõem-se à monitoração de cidadãos feita por governos, e reprovam a espionagem estadunidense em outros países. É interessante notar, ainda, que a maioria é favorável à espionagem de estrangeiros em seus próprios países[128]. Certamente, muitos não conhecem o problema a fundo; a maioria, no entanto, sinaliza que não deseja ser monitorada por governos, reforçando a ideia de que eventual monitoração esteja, como regra, desvinculada de agentes políticos.

A Avast, empresa transnacional que trabalha com segurança da informação em redes de computadores, realizou pesquisa em 11 países e concluiu que, em países desenvolvidos, a maioria das pessoas prefere ter fotos próprias expostas na internet do que

---

125. BRITTO, Carlos Ayres. *O humanismo como categoria constitucional*. Rio de Janeiro: Ed. Fórum, 2012.
126. BECK, Ulrich. *Sobre el terrorismo y la guerra*. Barcelona: Paidós, 2003.
127. Empresa transnacional que realiza consultoria e pesquisa.
128. ANISTIA INTERNACIONAL. *Pesquisa inédita indica preocupação dos internautas brasileiros com vigilância e privacidade na internet*. Disponível em: < https://bit.ly/2xqHgkD >. Acesso em 14 fev. 2016.

dados financeiros pessoais. A resposta se inverte em países como Rússia, Índia e Brasil[129]. De uma forma ou de outra, percebe-se que há uma invasão crescente à privacidade de todos, indistintamente, à margem das discussões públicas a respeito dos limites ou da legalidade[130].

Nem todos têm consciência das possibilidades tecnológicas que mitigam a privacidade. Um desabafo na internet pode fazer com que a vida de uma pessoa passe a ser um "livro aberto". Muitas tecnologias permitem armazenar *sites* visitados e assuntos pesquisados. Somado ao que se compartilha voluntariamente na rede mundial de computadores – utilizando-se computadores pessoais ou *smartphones* –, a observação da conduta na internet é uma ferramenta para analisar o usuário em detalhes: a hora em que usa a rede, o que está buscando, de onde realiza os acessos etc. Anúncios são direcionados de forma pessoal em face de interesses demonstrados na rede[131].

Uma vez que um dispositivo informático se conecta à rede, termina a privacidade[132]. O terrorismo tem sido o maior pretexto de invasão à privacidade sob a forma de espionagem estatal realizada por países desenvolvidos. Nesse sentido, reconhece-se que o terrorismo é fonte de riscos contra bens caros à comunidade, sendo a origem de muitos ataques potencialmente lesivos.

Em uma democracia, fazer valer os direitos fundamentais dos cidadãos, ainda que com uso controlado da força, é desejável e necessário para a vida em comunidade. O Estado deve estar pronto para empregar a força em favor dos cidadãos e do bem comum. No que tange ao ambiente virtual, a situação não é diferente. A disponibilidade das redes de computadores e os direitos assegurados de forma efetiva pelo Estado criam condições para que sejam tuteladas economias, empregos e vidas.

A tutela de direitos em ambiente cibernético é mais eficaz quando o Estado se previne contra potenciais danos causados a partir de redes informatizadas. Isso se torna mais claro a partir da constatação de que o Direito nem sempre pode garantir que danos sejam evitados ou reparados. Não são raros os casos em que um juízo é incapaz de alcançar quem, eventualmente, agride um bem jurídico tutelado, ainda que o agressor seja determinado ou determinável: é quando o resultado de um processo judicial é o típico 'ganha,

---

129. JORNALWEBDIGITAL. *Pesquisa Avast no Brasil e mais 10 países*: usuário prefere perder privacidade do que dados financeiros. Disponível em: <http://jornalwebdigital.blogspot.com.br/2015/12/pesquisa-avast-no-brasil-e-mais-10.html>. Acesso em: 14 jan. 2016. A pesquisa foi mencionada, ainda, em outros sítios como: < https://bit.ly/1O6CFSQ >
130. BAUMAN, Zygmunt. *Após Snowden*: Repensando o Impacto da Vigilância. Disponível em: < https://bit.ly/2OFbxmF >. Acesso em: 14 jan. 2016.
131. LEMOS, Ronaldo, *et al. Estudio I*: Privacidade na Internet. Globonews. Exibido em: 30 maio 2012.
132. *Ibidem*.

mas não leva', pois a decisão é favorável a quem sofreu o dano, mas não se chega ao resultado da reparação.

A razão para isso é que o conceito de jurisdição se baseia na soberania, que, por sua vez, diz respeito a um poder exercido, por regra, em determinado território. Pode ser que um bem jurídico seja tutelado pela norma brasileira, mas não alcance o agressor em razão de o agente e seus bens estarem em território de outro Estado.

Para que a ordem jurídica seja assegurada nas hipóteses em que um agente agressor que usa a internet encontra-se fora do alcance das forças públicas do Estado, é necessário um trabalho de prevenção técnica, aliado à repressão pela resposta rápida e eficaz.

Faz-se necessário, portanto, o atendimento às necessidades técnicas típicas do pugilato cibernético, para que o Estado assegure a ordem jurídica em redes informatizadas. Acontece que tais necessidades, por englobarem atividades de vigilância, englobam mitigação da privacidade. Deve-se, assim, procurar um equilíbrio para que haja o respeito ao direito constitucional à privacidade em harmonia com a defesa nacional, reforçando o Estado Democrático de Direito. Constatar-se-á, a seguir, que os resultados esperados do pugilato cibernético, muitas vezes, são potencializados pela limitação da conquista social ao direito à privacidade.

Agentes públicos especializados em defesa cibernética podem proteger a sociedade de grandes ameaças, o que tem repercussões não somente no ambiente virtual. As ameaças em potencial são muitas, e a melhor regulação deverá levar em conta todas elas. As normas que regulam a defesa cibernética devem ser as mais objetivas possíveis, oferecendo segurança jurídica para a sociedade e para os profissionais que atuam na área. No entanto, como a prática efetiva nas redes informáticas normalmente está um passo à frente da norma, afirmo que as normas que regulam o tema devem ser, também, principiológicas ou apenas determináveis em alguns casos específicos.

Consoante com aquilo que foi apontado por Ramírez[133], existe uma mobilização transnacional contra o terrorismo que se materializa em acordos internacionais. Para o autor, um marco significativo para esse esforço foi o ataque terrorista ao World Trade Center em 2001, na Cidade de Nova Iorque. O autor destaca como instrumentos jurídicos contra o terror, além da Convenção de Genebra de 1937 e da Convenção Europeia sobre Repressão do Terrorismo de 1977, a Convenção Internacional para a Repressão dos Atentados Terroristas Cometidos com Bombas de 1998 e a Convenção Internacional para a Repressão do Financiamento do Terrorismo de 2000. Como prováveis consequências

---

133. RAMÍREZ, Sergio García. Considerações sobre terrorismo. In: OLLOQUI, José Juan de (Coord.). *Problemas jurídicos y políticos del terrorismo*. México: Universidad Nacional Autónoma de México, 2004, p. 67-123.

daquele marco histórico, houve diversos debates em assembleias organizadas pela ONU e criou-se a Convenção Interamericana contra o Terrorismo em 2002.

Tantos instrumentos jurídicos internacionais visando a um objetivo comum das nações tendem a facilitar a efetividade da defesa cibernética, haja vista que é uma grande aliada do combate ao terror. Mesmo por via transversa, toda essa movimentação contra o terrorismo acolhe grande parte dos argumentos postos para que o pugilato cibernético tenha por consequência o melhor que os estados podem ofertar para a comunidade. Por outro lado, como um contrapeso, é necessário discutir os limites da atuação dos países nas redes informáticas, tendo sempre em vista o objetivo final, que é a construção de sociedades democráticas, seguras, ordeiras e progressistas.

O trabalho legislativo nacional de regulação desse setor carece de muita cautela. Em termos metafóricos, um remédio utilizado em doses excessivas pode fazer mal. Ademais, vendo apenas pelo prisma da segurança, potenciais ameaças devem ser monitoradas, tendo em vista a qualidade de vida em sociedade.

A sociedade livre, justa e solidária, proposta pela Constituição da República de 1988, depende de paz e estabilidade para ser consolidada. A preferência constitucional pela solução pacífica de conflitos e o repúdio ao terrorismo apontam para que a defesa cibernética nacional se fortaleça; caso contrário, a soberania nacional dependerá de cooperação internacional em face de ameaças nas redes informatizadas. A Lei nº 7.170, de 1983, que define os crimes contra a segurança nacional, também, ampara o entendimento ora exposto ao criminalizar, com reclusão, condutas terroristas, em seu art. 20. É evidente que o tipo penal engloba, também, a conduta criminosa de agentes que utilizam meios informáticos. A Lei nº 13.260, de 2016, ao regulamentar o inciso XLIII do art. 5º da CR/88, define o crime de terrorismo, abordando aspectos investigatórios e processuais inerentes ao tema, inclusive conceituando organização terrorista. Todo esse arcabouço jurídico concorre para a atuação do Estado no pugilato cibernético em favor da sociedade.

O arcabouço legal ora apresentado concorre, ainda, para os objetivos postos pela Convenção Interamericana contra o Terrorismo, de 2002, patrocinada pela Organização dos Estados Americanos (OEA) e com franca adesão estadunidense, maior potência bélica das Américas, inclusive no campo cibernético. Soa falacioso o argumento de que o Estado e o povo brasileiros estariam a salvo de ameaças terroristas, mas ainda que tal argumento fosse razoável, não seria prudente descuidar da prevenção de significativas ameaças.

Destaca-se que as Forças Armadas têm sido empregadas em operações de garantia da lei e da ordem, atuando, assim, em algumas ocasiões, como órgãos de segurança pública. Para tal hipótese de emprego, deve, também, haver preparação adequada, mesmo em épocas de não crise e não guerra. Ainda que essa preparação exista, o foco das Forças Armadas deve ser, em regra, a defesa nacional, conforme preceito constitucional disposto no art. 142[134] no sentido de que as referidas forças destinam-se à defesa da pátria, à garantia dos poderes constitucionais e, caso demandadas, da lei e da ordem.

Em hipóteses nas quais as Forças Armadas atuem, também, em favor da segurança pública[135], o que tem acontecido frequentemente[136], o ideal é que sejam utilizados bancos de dados das forças de segurança pública, a fim de se cumprir o previsto na Portaria Normativa nº 3.389/2012, do Ministério da Defesa, complementando com os dados levantados durante as operações de cooperação. Essa portaria discorre a respeito da Política Cibernética de Defesa e promove uma atuação colaborativa da sociedade brasileira para com o Pugilato Cibernético, além de orientar as atividades para o atendimento das necessidades de segurança nacional. A proposta apresentada pelo já citado *Livro Verde de Segurança Cibernética no Brasil*, do Gabinete de Segurança Institucional da Presidência da República, também é considerada.

Em virtude do arcabouço normativo mencionado e do emprego frequente das tropas federais, não nos deteremos nas controvérsias acerca da legitimidade de atuação das forças armadas na segurança pública. A garantia da segurança pública será, *prima facie*, problema a ser resolvido pelas polícias, sem intervenção das Forças Armadas. Em casos de necessidade, realizando operações conjuntas, as Forças Armadas poderão utilizar as informações disponibilizadas pelas polícias, que são consideradas, conforme texto constitucional, forças auxiliares empregadas como reserva das forças armadas em situações determinadas[137].

Quando há processamento eletrônico de dados para análise, os algoritmos utilizados podem ser, previamente, selecionados, considerando os objetivos que a sociedade deseja alcançar a partir da preparação para o pugilato.

---

134. Art. 142, CR/88. As Forças Armadas, constituídas pela Marinha, pelo Exército e pela Aeronáutica, são instituições nacionais permanentes e regulares, organizadas com base na hierarquia e na disciplina, sob a autoridade suprema do Presidente da República, e **destinam-se à defesa da Pátria, à garantia dos poderes constitucionais e, por iniciativa de qualquer destes, da lei e da ordem.** (grifos do autor)
135. DAMÉ, Luíza. *Dilma assina decreto de garantia da lei e da ordem para o Rio*. Portal O Globo. Disponível em: < https://glo.bo/2xqTslH>. Acesso em: 26 jun. 2014.
136. PORTAL G1. *Governo diz que já tem autorização para usar Exército nas ruas na BA*. Disponível em: < https://glo.bo/2QKIoYq >. Acesso em: 30 jun. 2014.
137. Art. 144, CR/88. A segurança pública, dever do Estado, direito e responsabilidade de todos, é exercida para a preservação da ordem pública e da incolumidade das pessoas e do patrimônio, por intermédio dos seguintes órgãos: § 6º - As polícias militares e os corpos de bombeiros militares, **forças auxiliares e reserva do Exército**, subordinam-se, juntamente com as polícias civis, aos Governadores dos Estados, do Distrito Federal e dos Territórios. (grifo nosso)

Caracterizando o direito à vida, previsto no *caput* do art. 5º da CR/88[138], decorre que é preciso assegurar um nível de vida compatível com a dignidade humana (vida digna).[139] Uma vida digna pressupõe ausência de ameaças graves, o que torna a segurança fundamental em contexto de possível risco social, como o que pode acontecer sem a adequada segurança cibernética.

Com base no inciso X do art. 5º supramencionado[140], não se deve admitir, em regra, a obtenção e a disseminação não autorizada de informações pessoais. Revelar assuntos privados pode configurar uma exposição do indivíduo de forma prejudicial. Tendo a inviolabilidade dos dados pessoais como premissa, devem ser impedidas buscas e apreensões estatais na esfera privada, até o limite do que a comunidade considera razoável. Em regra, deve-se defender a privacidade do indivíduo e da família[141].

Voltando à análise comparada, é contraditório o exemplo dos Estados Unidos: o mesmo país que positivou a proteção prevista na já citada quarta emenda da Constituição, tinha em vigor, até pouco tempo, o *Patriotic Act* para o combate ao terrorismo. Relembro que as duas normas são, aparentemente, bastante antagônicas. A não renovação temporal do *Patriotic Act* pelo Congresso estadunidense em junho de 2015 pouco muda no panorama ora analisado. Em primeiro lugar, existe a hipótese de ser sucedido por uma norma de alcance compatível em breve, haja vista a eleição de Donald Trump. O ato não foi renovado em razão de uma manobra política de se usar o regimento da Casa para não permitir a renovação, a qual não chegou a ser votada a tempo. Em segundo lugar, a falta de mobilização pela prorrogação do *Patriotic Act* deve-se à espionagem contínua realizada a respeito dos estrangeiros e imigrantes. Em outras palavras, a manutenção da estrutura já montada e descrita por Edward Snowden parece justificada para uma atuação independentemente do *Patriotic Act*.

Sob a perspectiva do Direito europeu, o respeito à vida privada inclui a inviolabilidade das comunicações em geral, inclusive o respeito à inviolabilidade da correspondência. Contextualizado no assunto, está o que a literatura alemã retrata a respeito do íntimo, do secreto, do privado; tudo num sistema de autodeterminação informacional, extraído a partir de um juízo concreto de ponderação do "direito geral da personalidade". Esse é considerado por alguns como uma parte da teoria das esferas elevada ao nível dos direitos, e aflora a partir da efetivação de direitos mais concretos, como o direito às esferas íntima, secreta e privada, assegurando o respeito à inviolabilidade documental, de dados,

---

138. "Art. 5º Todos são iguais perante a lei, sem distinção de qualquer natureza, garantindo-se aos brasileiros e aos estrangeiros residentes no País a inviolabilidade do direito à vida, à liberdade, à igualdade, à segurança e à propriedade, nos termos seguintes [...]"
139. CANOTILHO, J. J. Gomes, *et al*. *Comentários à Constituição do Brasil*. São Paulo: Saraiva/Almedina, 2013, p. 213.
140. "X - são invioláveis a intimidade, a vida privada, a honra e a imagem das pessoas, assegurado o direito a indenização pelo dano material ou moral decorrente de sua violação."
141. CANOTILHO, J. J. Gomes, *et al*. *Comentários à Constituição do Brasil*. São Paulo: Saraiva/ Almedina, 2013, p. 276-277.

de comunicações pessoais, e, em especial, à intimidade, núcleo mais sensível da esfera privada[142].

A mesma França, cujo Código Civil diferencia vida privada íntima de vida privada ordinária, com diferentes consequências jurídicas, desde 2015, ameaça o limite da proteção à privacidade com a já citada norma que confere legalidade à espionagem ostensiva e em massa, também sob a justificativa de combater o terrorismo. Essa parece ser uma tendência, principalmente quando analisada em face da atuação do Estado Islâmico e de outros grupos extremistas[143].

No Brasil, os termos intimidade e vida privada são comumente empregados como sinônimos, em que pese alguns autores[144] que estudam o assunto mais a fundo ressalvarem que a intimidade é mais restrita[145]. A norma constitucional é categórica, mas existem outras carências da comunidade – não menos importantes – que devem ser supridas pelo Estado. Ou seja, os direitos possuem limites; logo, não há direito absoluto[146]. O direito à intimidade pode ceder em face da segurança pública, de outro direito ou diante de um bem coletivo, por exemplo. Se a redução do âmbito de incidência da proteção normativa se dá em abstrato apenas por uma lei, o mesmo não se pode afirmar diante de um caso concreto[147].

Em meados de 2014, entrou em vigor, no Brasil, o Marco Civil da Internet (Lei nº 12.965), que regula a internet no Brasil, privilegiando a privacidade, a proteção aos dados pessoais, a responsabilização acerca de condutas, conforme se conclui da análise do seu art. 3º[148].

---

142. *Ibidem*, p. 277.
143. O grupo terrorista jihadista é considerado um dos mais radicais, violentos e impiedosos da atualidade, segundo veículos de informação atuais.
144. CANOTILHO, J. J. Gomes, *et al*. *Comentários à Constituição do Brasil*. São Paulo: Saraiva/Almedina, 2013, p. 277.
145. No mesmo sentido, conforme já abordado na introdução, o professor Carlos Ayres Britto entende que o Direito à intimidade protege a pessoa sozinha, consigo mesma; enquanto o Direito à privacidade protege o indivíduo se relacionando com outros.
146. Poder-se-ia afirmar que, como regra, não há direito absoluto. Baseado em discussões acontecidas no plenário do STF, e a partir de entendimentos de doutrinadores como Kildare Gonçalves Carvalho, Ingo Wolfgang Sarlet, José Joaquim Gomes Canotilho afirma-se que a proibição à tortura, à escravidão e ao tratamento desumano e degradante são considerados por respeitável doutrina como direitos fundamentais absolutos – entendimento baseado no direito à dignidade da pessoa humana, previsto no art. 1º, III, da CR/88. Esse, também, é o posicionamento do Ministro Carlos Ayres Britto, pois, segundo ele, seria impossível a relativização dos aludidos direitos.
147. CANOTILHO, J. J. Gomes, *et al*. *Op cit.*, p. 282-283.
148. Art. 3º A disciplina do uso da internet no Brasil tem os seguintes princípios: I - garantia da liberdade de expressão, comunicação e manifestação de pensamento, nos termos da Constituição Federal; II - **proteção da privacidade**; III - **proteção dos dados pessoais**, na forma da lei; IV - preservação e garantia da neutralidade de rede; V - preservação da estabilidade, segurança e funcionalidade da rede, por meio de medidas técnicas compatíveis com os padrões internacionais e pelo estímulo ao uso de boas práticas; VI - **responsabilização dos agentes de acordo com suas atividades, nos termos da lei**; VII - preservação da natureza participativa da rede; VIII - liberdade dos modelos de negócios promovidos na internet, desde que não conflitem com os demais princípios estabelecidos nesta Lei. [...] (grifo nosso)

Da leitura dos arts. 8º[149] e 11[150] da mesma norma, depreende-se que o legislador, mais uma vez, singularizou o direito à privacidade, ao colocar o exercício deste como condição para o pleno exercício da prerrogativa de acesso à rede mundial de computadores, sendo nulas quaisquer cláusulas contratuais que violem tal garantia. Outrossim, são igualmente nulas cláusulas que desrespeitem o direito à inviolabilidade e ao sigilo das comunicações em rede. A proteção oferecida pela lei engloba a coleta de dados pessoais, mesmo em serviços prestados no exterior, em condições específicas.[151]

Concluo que o legislador quis fazer valer a lei brasileira quando há envolvidos localizados no Brasil. No entanto, é sabido que existem algumas limitações ao contido no texto legal em virtude da arquitetura da rede. O Estado brasileiro poderá fazer pouco sem um aparato de segurança cibernética à sua disposição ou ajuda internacional no caso de, por exemplo, o agente das condutas danosas não estiver fisicamente no Brasil.

Por outro lado, se existe um aparato de defesa cibernética compatível com o objetivo a ser alcançado, a atuação do Estado no pugilato cibernético pode, além de proteger a comunidade em situações críticas, fazer valer a lei nacional em território brasileiro.

Esse quadro decorre da mitigação do princípio da territorialidade em redes informáticas. Logo, pode não fazer sentido proteger, pela norma brasileira, dados que são ilegalmente obtidos por usuários da rede ao redor do Planeta. A premissa é simples: a internet não respeita fronteiras. A construção da proteção informática é ineficaz se realizada somente alhures ou baseada, tão-somente, em belas ideologias. Em que pese os esforços no sentido de debater normas internacionais para operações de informação,

---

149. Art. 8º A **garantia do direito à privacidade** e à liberdade de expressão nas comunicações **é condição para o pleno exercício do direito de acesso à internet**.
Parágrafo único. **São nulas de pleno direito as cláusulas contratuais que violem o disposto no caput, tais como aquelas que: I - impliquem ofensa à inviolabilidade e ao sigilo das comunicações privadas, pela internet**; ou II - em contrato de adesão, não ofereçam como alternativa ao contratante a adoção do foro brasileiro para solução de controvérsias decorrentes de serviços prestados no Brasil. (grifos nossos)
150. Art. 11. Em qualquer operação de coleta, armazenamento, guarda e tratamento de registros, de dados pessoais ou de comunicações por provedores de conexão e de aplicações de internet em que pelo menos um desses atos ocorra em território nacional, **deverão ser, obrigatoriamente, respeitados a legislação brasileira e os direitos à privacidade, à proteção dos dados pessoais e ao sigilo das comunicações privadas e dos registros**.
§ 1º O disposto no *caput* aplica-se aos dados coletados em território nacional e ao conteúdo das comunicações, **desde que pelo menos um dos terminais esteja localizado no Brasil**.
§ 2º O disposto no *caput* aplica-se mesmo que as atividades sejam realizadas por pessoa jurídica sediada no exterior, **desde que oferte serviço ao público brasileiro ou pelo menos uma integrante do mesmo grupo econômico possua estabelecimento no Brasil**.
§ 3º Os provedores de conexão e de aplicações de internet deverão prestar, na forma da regulamentação, informações que permitam a verificação quanto ao cumprimento da legislação brasileira referente à coleta, à guarda, ao armazenamento ou ao tratamento de dados, **bem como quanto ao respeito à privacidade e ao sigilo de comunicações**. [...] (grifos nossos)
151. Desde que pelo menos um dos terminais de computador envolvidos esteja localizado no Brasil e o empreendimento oferte serviço ao público brasileiro, ou ainda o grupo econômico possua estabelecimento no Brasil.

inclusive cogitando o uso de analogia em sua aplicação[152], a eficácia desse esforço parece distante do cenário atual.

A visão do que ocorre atualmente na comunidade deve ser pragmática, para que sejam reduzidos os danos sociais e para que, ao menos, as normas nacionais contribuam efetivamente para o bem da sociedade brasileira quando se trata do direito aplicado em redes de computadores. Em abstrato, o ordenamento jurídico brasileiro protege convenientemente a privacidade. A sociedade, porém, deve considerar a real ameaça à paz social não somente pelo terrorismo, ressaltando a ameaça da mitigação da privacidade. O indivíduo, também, deve proteger-se do governo que elegeu para protegê-lo e que deve possibilitar a participação democrática, liberdade e qualidade de vida, no caso brasileiro.

Eventos envolvendo essa temática em outras partes do mundo devem ser trazidos ao debate social, haja vista que não é eficaz combater condutas nocivas somente de agentes localizados em território brasileiro e no domínio virtual brasileiro. A própria norma admite seu alcance limitado, como no § 1º do art. 11: "O disposto no *caput* aplica-se aos dados coletados em território nacional e ao conteúdo das comunicações, desde que pelo menos um dos terminais esteja localizado no Brasil". Entretanto, como já visto, brasileiros comuns já são vigiados ao redor do mundo por nações e empreendimentos estrangeiros. De toda forma, parece inaceitável dar carta branca para os agentes políticos que conduzem investigações, sob pena de a estrutura – concebida para servir à sociedade – causar danos a esta.

A despeito da clareza da norma constitucional, do Marco Civil da Internet e de outras normas no quesito privacidade, elas devem ser entendidas em seu contexto, de forma a contribuir com a própria sociedade, considerando os riscos que o cidadão médio tem assumido na prática.

Por certo, nem todas as pessoas aceitam mitigar sua privacidade em nome da segurança, o que pode ser demonstrado pelo crescente mercado dos aparelhos chineses Blackphones[153] (com sistema operacional PrivatOS), ou, ainda, a migração de usuários comuns de *smartphones* para telefones com *flips*, pensando na melhoria de sua privacidade. Ainda assim, hoje em dia, a maioria das pessoas age como se desconhecesse os riscos à sua privacidade ou os aceitasse.

Até que a sociedade se posicione de forma diversa, prepondera o fato de que a segurança cibernética é o mais novo e maior problema exclusivo de segurança nacional do século XXI. Apesar disso, pelo menos até 2017, não se teve notícia de amplo debate

---

152. HOLLIS. Duncan B. *Why States Need an International Law for Information Operations*. Disponível em: < https://bit.ly/2O54cjj >. Acesso em: 10 fev. 2016.
153. Mais informações em: https://blackphone.ch/

nos Estados Unidos acerca do conceito de guerra cibernética; como também não houve discussões aprofundadas a respeito das normas estadunidenses ou internacionais que poderiam se relacionar com o termo ora referido[154].

Muitos são os exemplos históricos a demonstrar que sociedades já tiveram que se defender de seu próprio governo, e serem defendidas por poderes constituídos. Sendo assim, parece ser um risco muito grande permitir a devassa da privacidade pelas instituições, bem como o de não permiti-la em qualquer medida. A variável de maior peso parece ser o nível democrático da sociedade.

O debate social é um meio adequado para conscientizar a coletividade dos riscos, a fim de que a própria sociedade decida acerca do seu futuro e assuma as consequências dessa decisão. Deixar a decisão unicamente a cargo dos governos, também, não é seguro para a comunidade, pois não se pode afirmar até quando um governo será fiel ao que o povo dele espera e qual uso fará de informações pessoais a que venha a ter acesso. Nesse âmbito, todos os riscos devem ser assumidos consciente e voluntariamente.

2.1 O direito à privacidade como uma conquista civilizatória

Sobrepesar o direito à privacidade com outras garantias é algo que deve ser feito considerando que a privacidade é um signo da evolução. O conceito de privacidade sofreu e sofre variações, por vezes de forma célere. O termo privacidade tem origem no latim *privates*, que significa separado do resto. Uma pessoa, separando-se do resto, pode se revelar. A privacidade é uma conquista civilizatória, fruto de expressivo esforço e coesão social na luta por direitos individuais. Olvidar tal conquista é abrir mão de uma vitória relevante dos antepassados. A privacidade é, pois, reflexo de progresso das comunidades. Na introdução do livro, usei o termo privacidade em sentido amplo. Neste momento, porém, a análise será feita de forma mais pormenorizada.

No Direito Romano, afirmava-se a supremacia do público sobre o privado. As mudanças na relação entre as esferas pública e privada foram muitas ao longo dos séculos, em especial no pós-Idade Média. Hoje em dia, o Direito Público deve legitimar-se frequentemente no contexto social, sobretudo no que tange a restrições a direitos e garantias individuais, no intuito de demonstrar a imprescindibilidade do interesse público em face da determinada limitação individual.

Robert Alexy, em sua Teoria dos Direitos Fundamentais[155], menciona a teoria das esferas (*Sphärentheorie*). Talvez, Heinrich Hubmann tenha sido, na obra *Das Persönlichkeitsrecht*,

---

154. MALAWER. Stuart S. *Cyber Warfare*: Law and Policy Proposals for U.S. and Global Governance. Disponível em: < https://bit.ly/2QNC42G >. Acesso em: 10 fev. 2016.
155. ALEXY, Robert. *Teoria dos direitos fundamentais*. Trad.: Virgílio Afonso da Silva. 2. ed. São Paulo: Malheiros Editores, 2008, p. 360 e ss.

um dos primeiros a divulgar tais conceitos[156]. Henkel, de forma semelhante, classifica a personalidade humana em três esferas, em grau decrescente de proteção[157]. Trata-se, em síntese, de classificações com utilidade semelhante.

Na figura das esferas concêntricas, a esfera mais interna caracteriza-se pelo território do mais íntimo: compreende os assuntos de natureza reservada, assuntos secretos, de interesse personalíssimo (*Geheimsphäre*). Ao redor desse círculo, a segunda esfera privada inclui assuntos que o indivíduo oferece para conhecimento de pessoas de sua confiança, ficando de fora a comunidade em geral (*Privatsphäre*). O terceiro círculo – o mais amplo e, portanto, o menos íntimo – engloba tudo o que se leva ao conhecimento de terceiros, numa esfera de domínio social ou público.

Aspectos relacionados, por exemplo, à vida sentimental, estado de saúde, convicções políticas e religiosas são de foro íntimo e estariam no círculo mais interno. Fatos partilhados com limitado número de pessoas diriam respeito a aspectos da vida privada. A considerar, assim como Tércio Sampaio[158], que a intimidade não repercute na esfera social, essa deixa de estar, sob qualquer pretexto, ao alcance do Estado fiscalizador. O Estado só pode proteger o cidadão naquilo que, potencialmente, repercute na esfera social.

Antes, privacidade era um conceito ligado à burguesia, individualista, próprio do liberalismo. O direito teve que se adequar ao desenvolvimento tecnológico. Para Doneda, podem-se unificar os valores expressos pelos termos intimidade e vida privada[159]. Todavia, esses dois conceitos ganharam novos contornos com o surgimento da internet, que revolucionou a comunicação em massa e facilitou sobremaneira a exposição da vida privada.

Os direitos à intimidade e à própria imagem integram a proteção constitucional à vida privada, segundo Alexandre de Moraes[160]. Essa proteção salvaguarda um espaço íntimo intransponível por intromissões ilícitas externas. Intimidade e vida privada são conceitos próximos, mas diferenciados pela menor amplitude da intimidade. A privacidade envolve os relacionamentos de um ser humano, inclusive relações comerciais, laborais ou acadêmicas. O autor admite, ainda, que a garantia não possui caráter absoluto, sendo oponível a condutas delituosas, citando como jurisprudência concorrente ao seu entendimento o HC 79.285/RJ – Rel.: Min. Moreira Alves.

---

156. CORDEIRO, Antônio Menezes. *Tratado de Direito Civil Português*: Parte Geral – Pessoas. Lisboa: Almedina, 2004, vol. 1, tomo III,. p. 200.
157. SAMPAIO, José Adércio Leite. *Direito à intimidade e à vida privada*: uma visão jurídica da sexualidade da família, da comunicação e informações pessoais, da vida e da morte. Belo Horizonte: Del Rey, 1998, p. 255.
158. FERRAZ JÚNIOR, Tércio Sampaio. *Sigilo de dados*: o direito à privacidade e os limites à função fiscalizadora do Estado, Cadernos de Direito Constitucional e Ciência Política. São Paulo: Revista dos Tribunais, 1992, p. 77-90.
159. DONEDA, Danilo. *Da privacidade à proteção de dados pessoais*. Rio de Janeiro: Renovar, 2006, p. 111-112.
160. MORAES, Alexandre de. Constituição do Brasil interpretada e legislação constitucional. 5. ed. São Paulo: Atlas, 2005, p. 224-250.

A respeito do sigilo de comunicação, Alexandre de Moraes manifesta o direito ao sigilo de correspondência e de comunicação, mas ressalta que nenhuma liberdade individual é absoluta: admite ser possível, respeitados determinados parâmetros, a interceptação mesmo de correspondências e comunicações, sempre que as liberdades públicas estiverem sendo utilizadas como instrumento de salvaguarda de práticas ilícitas. Para exemplificar, ele cita que as constituições finlandesa, italiana e dinamarquesa também admitem limitações ao direito de privacidade, em regra inviolável. Cita Vicente Greco Filho como voz discordante, pois este classifica o direito expresso no art. 5º, inciso X, da CR/88, como absoluto e opina pela inconstitucionalidade do art. 1º da Lei nº 9.296, de 1996, que trata da privacidade e do fluxo de comunicações em sistemas de informática e telemática[161].

O também constitucionalista Gilmar Mendes, por sua vez, expressa que o direito à intimidade e à vida privada limita a liberdade dos meios de comunicação. Ressalta que o direito à privacidade pretende manter o indivíduo livre da observação de outras pessoas, citando Alan West. Esse autor admite limites ao direito à privacidade em razão da vida em comunidade, que acolhe interesses públicos. Tais interesses são maiores que a pretensão de "ser deixado só". A depender das circunstâncias do caso concreto, a intromissão à privacidade pode ser considerada aceitável ou abusiva. Mendes trata, ainda, do consentimento do indivíduo na restrição à privacidade: mesmo tácito, o consentimento pode ser oferecido pelo indivíduo em desfavor de sua própria privacidade. Ele afirma que há uma tendência de se justificar a intrusão na vida privada em casos de relevância pública, mesmo em hipóteses em que a privacidade é documentada em meios de comunicação de massa. Ressalta que interesse público difere de interesse do público. O autor, também, admite que a privacidade não é um direito absoluto ao abordar o tema relacionado ao sigilo das comunicações[162].

O foco principal da presente análise é a restrição ao direito à privacidade visando à proteção da sociedade, sendo esse o norte do pugilato cibernético financiado pela comunidade. O pugilato cibernético que não protege a sociedade não parece justificar a privação da privacidade.

Canotilho, quando discorre a respeito dos direitos fundamentais, ressalta que, em caso de dúvidas de hermenêutica, deve prevalecer a interpretação que restrinja menos o direito fundamental, admitindo, portanto, que não existem direitos absolutos[163].

---

161. MORAES, Alexandre de. *Constituição do Brasil interpretada e legislação constitucional*. 5. ed. São Paulo: Atlas, 2005, p. 224-250.
162. MENDES, Gilmar Ferreira; BRANCO, Gustavo Gonet. *Curso de direito constitucional*. 9. ed. São Paulo: Saraiva, 2014, p. 280-295.
163. CANOTILHO, J. J. Gomes; MOREIRA, Vital. *Fundamentos da Constituição*. Coimbra: Coimbra Editora, 1991, p. 143.

Ferraz entende que a privacidade é um direito subjetivo fundamental, podendo o titular ser pessoa física ou jurídica, brasileiro ou não, residente ou em trânsito no País; e cujo objeto é a integridade moral do titular[164].

Com abordagem um pouco distinta, José Afonso da Silva considera que o direito à intimidade e à vida privada é direito conexo ao da vida. Concluiu tal assertiva pelo fato de que o direito à vida está presente no *caput* do artigo, enquanto que o direito à privacidade mereceu um inciso, sendo, assim, manifestação do que está presente no *caput*[165]. Ora, se a vida estiver ameaçada, de acordo com esse entendimento, não há que se falar em privacidade, quando o que se está em jogo é o direito à vida. Logo, entendo que Silva, também, considera que a privacidade não é um direito absoluto.

Esse mesmo autor ressalta que a Constituição protege contra a divulgação e a investigação do privado, que seria a pesquisa de acontecimentos referentes à vida pessoal e familiar, dentre outras tutelas[166]. Nesse ponto, deve-se ressaltar que o pugilato cibernético, quando financiado pelo Estado, deve realizar buscas contra ameaças, o que difere muito de investigar acontecimentos referentes à vida pessoal e familiar. No entanto, se, ao exercer o direito de estar só, o indivíduo pode ameaçar a vida – partindo da interpretação de que a vida é o valor primeiro, expresso no *caput* –, não há razão para que a privacidade seja protegida sob tais argumentos. Deve-se, todavia, ressaltar que a privacidade é uma relevante conquista que deve ser mantida sempre, exceto quando se tornar uma ameaça para a comunidade.

Luís Roberto Barroso desvenda uma categoria jurídica desenvolvida nas últimas décadas: a dos interesses coletivos, como uma fronteira entre o público e o privado[167]. As relações comunitárias e os interesses coletivos comporiam a fronteira entre a vida exclusivamente privada e a vida pública, sendo que o público não se confunde com o estatal. O espaço público seria o da relação dos indivíduos com o Estado, com o poder político.

A distinção apresentada por Barroso dá suporte a princípios a serem respeitados pelo Estado quando esse realiza investigações necessárias à preservação da vida em sentido mais amplo. Em última análise, a segurança nacional é uma forma de preservar o Estado. No entanto, mais que isso, a preservação da segurança do Estado pode proteger a vida de cada um de seus indivíduos. A invasão da privacidade será tão mais aceitável quanto mais perto da preservação da vida estiver. Invadir a privacidade para preservar o Estado, em última análise, pode preservar seus cidadãos, mas não necessariamente. Se o Estado

---

164. FERRAZ JÚNIOR, Tércio Sampaio. *Sigilo de dados*: o direito à privacidade e os limites à função fiscalizadora do Estado, Cadernos de Direito Constitucional e Ciência Política. São Paulo: Revista dos Tribunais, 1992, p.77.
165. SILVA, José Afonso da. *Curso de direito constitucional positivo*. 37 ed. São Paulo: Malheiros. 2014, p. 208-212.
166. *Ibidem*.
167. BARROSO, Luís Roberto. *Curso de direito constitucional contemporâneo*: os conceitos fundamentais e a construção do novo modelo. 3. ed. São Paulo: Saraiva, 2011, p. 82-85.

serve a seus cidadãos, isso poderá ser verdade. Mas se o Estado se serve de seus cidadãos em favor de minorias, a invasão à privacidade não poderá ser considerada legítima.

A partir da percepção dos autores mencionados, concluo que o direito à privacidade no contexto do pugilato cibernético deve ser respeitado, como expressão da conquista que representa. Desde os idos do direito romano, que afirmava a supremacia do direito público sobre o privado, houve relevante evolução que não deve ser perdida. A privacidade que não repercute na esfera social (intimidade) deve ser preservada do alcance do Estado fiscalizador. A divulgação da vida íntima, também, não interessa ao pugilato cibernético, pois o foco é proteger a sociedade de potenciais e significativas ameaças que possam advir do mau uso de redes informáticas. Impedir a intromissão de terceiros na vida privada e familiar é um direito que deve ser preservado.

No entanto, considerando que nenhum direito é absoluto, pode-se ressalvar o direito nas oportunidades em que seu uso salvaguarda práticas ilícitas. Se, em regra, a intimidade e a vida privada limitam o direito dos meios de comunicação, também deve-se limitar o Estado fiscalizador sempre que não houver indícios que justifiquem conduta diversa. Trata-se de um direito que a Constituição da República de 1988 aborda como conexo ao direito à vida, tamanha sua importância.

Mesmo com o consentimento tácito de determinado agente, o Estado deve, por regra , preservar a privacidade do indivíduo em sentido lato. Trata-se de direito fundamental reconhecidamente válido para pessoas físicas e jurídicas. Ademais não seria razoável permitir que sequer o Estado investigue um indivíduo por si só. O objetivo da investigação atinente ao pugilato cibernético deve ser norteado pela ameaça em potencial para a sociedade, que pode advir de determinadas condutas extremamente nocivas, a serem tratadas como casos excepcionais, e em razão de interesses coletivos. A invasão da privacidade, quando acontecer, deve ser justificada na preservação da vida e focada na segurança geral necessária para o progresso da comunidade. Tal entendimento encontra amparo, por analogia, no julgamento do HC 79.285/RJ, relatado pelo Min. Moreira Alves.

2.1.1. *A privacidade na era da internet*

Manuel Castells, ao tratar do tema internet, escreveu que ela teve origem no Departamento de Defesa estadunidense, idealizada, pois, por quem entende de defesa nacional:

> [...] *a internet originou-se de um esquema ousado, imaginado na década de 1960 pelos guerreiros tecnológicos da Agência de Projetos de Pesquisa Avançada do Departamento de Defesa dos Estados Unidos (a mítica DARPA) para impedir a tomada ou destruição do siste-*

> ma norte-americano de comunicações pelos soviéticos, em caso de guerra nuclear. De certa forma, foi o equivalente eletrônico das táticas maoístas de dispersão das forças de guerrilha, por um vasto território, para enfrentar o poder de um inimigo versátil e conhecedor do terreno. O resultado foi uma arquitetura de rede que, como queriam seus inventores, não pode ser controlada a partir de nenhum centro e é composta por milhares de redes de computadores autônomos com inúmeras maneiras de conexão [...][168]

A partir dessa constatação, Castells evidencia que a internet foi concebida numa arquitetura de rede que, inicialmente, não favorecia o controle e a vigilância devido à dispersão e a multiplicidade de formas de conexão, inclusive conexões ponto a ponto (P2P). Ele ratifica essa possibilidade ao admitir o anonimato na rede a partir de sítios como Tumblr[169]. Contudo, dependendo da plataforma utilizada, isso não se verifica, como admite o próprio Castells:

> o Facebook era criticado no movimento [de protesto contra a classe política] por ser uma plataforma com proprietários, o que chocava com a abertura valorizada pelo movimento. Da mesma forma, o novo software de reconhecimento facial do Facebook identifica imediatamente pessoas em fotografias, e isso era mal visto, dada a desconfiança de que o Facebook não protegeria a privacidade caso intimado por autoridades[170].

A segurança do Tumblr, por exemplo, é relativa, não sendo tão segura quanto os mais conservadores desejariam, nem tão insegura quanto o que se consegue na *deep web*[171].

Com a popularização da internet também como ferramenta de comunicação pessoal, chegou-se a imaginar que ela seria um terreno anárquico, sem controle e sem barreiras, no qual jamais haveria intervenção estatal. Rodotà evidencia em seu estudo que:

> regulamentações restritivas da coleta e da circulação de informações são possíveis em tempos razoavelmente tranquilos, ou mesmo realmente felizes. Quando, ao contrário, cresce a instabilidade social, aumenta também a necessidade de informações e da ligação entre os vários bancos de dados para enfrentar situações de emergência em matérias de ordem pública, no mercado de trabalho, e assim por diante.[172]

---

168. CASTELLS, Manuel. A *sociedade em rede*. Trad.: Roneide Venâncio Majer. 8. ed., rev. ampl. São Paulo: Paz e Terra, 2005, p 44. v. I.
169. CASTELLS, Manuel. *Redes de indignação e esperança*: Movimentos Sociais na era da Internet. Trad.: Carlos Alberto Medeiros. São Paulo: Zahar, 2013, p. 132-134.
170. Ibidem, p. 134.
171. Mais informações a respeito do assunto estão disponíveis em: < https://abr.ai/ZEERPx >.
172. RODOTÀ, Stefano. A *vida na sociedade da vigilância*: A Privacidade Hoje., Org.: Maria Celina Bodin de Moraes. Trad.: Danilo Doneda; Luciana Cabral Doneda. Rio de Janeiro: Renovar, 2008, p. 92-95.

Tal constatação corrobora a percepção de que o direito à privacidade não é oponível contra todos, principalmente em momentos de crise, instabilidade social e medo, em que é mais evidente a necessidade de segurança. Rodotà destaca, também, que o avanço da internet permite – pela possibilidade de cruzamento de dados – o controle, a vigilância e a classificação de dados[173].

Em face dessas nuances, algumas pessoas e governos – que ainda são minoria – têm mudado hábitos pela consciência do risco eletrônico. Agentes de inteligência de países europeus têm chegado ao ponto de cogitar voltarem a usar as antigas máquinas de escrever (mecânicas). Um dos motivos dessa aparente loucura é, ainda, pouco conhecido do grande público: Dragos Ruiu, *hacker* canadense, descobriu um vírus em seu Macbook que nunca havia sido conectado à internet. Ele percebeu que o computador rodou uma atualização misteriosa que não era da Apple: mudava configurações, deletava e transmitia documentos. Pesquisadores do Instituto Fraunhofer, entidade alemã, provaram a possibilidade de espalhar vírus de computador fora das redes de computadores: bastava certa proximidade do alvo, independentemente de conexão à internet, comprovando a tese de Dragos. Outro detalhe: o vírus que atacou Dragos não era detectável por antivírus comerciais e não infecta apenas os computadores Mac[174].

Quantidade considerável de pessoas tem voltado a portar telefones cuja única função é falar. Outras tantas têm adquirido telefones cujos fabricantes afirmam investir pesado em sistemas criptográficos para seus produtos. Há pouco tempo, anunciou-se que seriam comercializados para o público comum *smartphones* com criptografia da Rede Tor (*deep web*), o que, ao menos em tese, preservaria a privacidade dos usuários – como é o caso do Boss Phone[175].

É oportuno, ainda, falar da insegurança dos dados em nuvem, conforme já evidenciado em ataques publicados na imprensa mundial, como no caso da coleta de dados de usuários que possuíam conta relacionada ao videogame da Sony PS3[176].

Em que pese os esforços para que a privacidade seja mantida, a regra da internet parece ser a exposição. As pessoas querem o conforto proporcionado pela tecnologia e se sujeitam às suas consequências, com conhecimento de causa ou por ignorância. Sítios como o Facebook têm sido utilizados até mesmo por governos como fonte de informa-

---

173. Ibidem, p. 145-146.
174. GARATTONI, Bruno; BADÔ, Fernando. *Vírus de computador se espalha pelo ar*. Disponível em: < https://abr.ai/2OMBFf6 >, consultado em: 9 ago. 2014.
175. AGRELA, Lucas. *Boss é o primeiro smartphone com a criptografia da rede Tor*. Disponível em: < https://abr.ai/2MPVAYT l>. Acesso em: 14 fev. 2015.
176. Portal G1. *Entenda o ataque à rede* on-line *do PlayStation 3, a PSN*. Tecnologia e Games. Disponível em: < https://glo.bo/2NrtWGJ >. Acesso em: 14 fev. 2015.

ções, gerando consequências em liberdades civis e investigações criminais[177]. Em alguma medida, limitam liberdades e podem proteger a sociedade simultaneamente.

Os riscos assumidos vão muito além daqueles concernentes à exposição de dados em nuvem, da exposição e publicação de dados pessoais em redes sociais, de compor um banco de dados público de pesquisadores com parte considerável de suas vidas publicadas para quem tiver interesse de conhecer etc. Esses são riscos que o cidadão médio assume voluntariamente.

Há, ainda, os riscos dissimulados: aqueles em cuja divulgação não há interesse. Ainda assim, eles já são conhecidos e impactam na mitigação da privacidade. Como já se esclareceu, tecnicamente é possível oferecer um produto ou serviço com vícios ocultos visando à obtenção de informações à revelia do usuário do programa.

Existe a vigilância que busca lucro e a vigilância que protege: a tecnologia pode ser usada para bons ou maus propósitos, construindo ou destruindo. De maneira abstrata, considero que a vigilância – *lato sensu* – é importante para a vida em comunidade. Um policiamento preventivo pressupõe vigilância, e, conforme se destacou anteriormente, a sociedade parece admitir a ameaça contra a privacidade para que sua segurança seja reforçada. Em contraposição à simplicidade desse exemplo, a segmentação da vigilância que protege e da que visa ao lucro nem sempre é tão clara; e essa dificuldade de julgamento possui fundamento. Como trataremos no quarto capítulo, por vezes, o próprio Estado associa-se a empreendedores com ações nas bolsas de valores a fim de viabilizar seus projetos. Na análise oferecida adiante, constatar-se-á que a internet, o iPhone e o GPS, a título de exemplo, nasceram de projetos do Estado americano e encontraram campo fértil para o desenvolvimento e a comercialização a partir de empresas.

Decorre de tal constatação que a sociedade deve estar vigilante acerca dos limites que pretende impor aos meios disponibilizados para que os objetivos comuns sejam atingidos. As normas – desde que representem a vontade social – podem funcionar como um sistema de freios e contrapesos para evitar que a integridade da comunidade seja desprezada, sem abrir mão da proteção necessária.

O argumento de que a vigilância visa à segurança da população pode angariar adeptos para medidas desse gênero. A autoridade pública agiria contra os que cometem ilícitos e em favor dos que não estão fazendo nada errado: aqueles que não estão desempenhando atividade ilegal não teriam o que temer. O problema aparece na hipótese em que a autoridade utiliza os dados coletados para a consecução de outros objetivos, tais como enfraquecer dissidências políticas. Discordar do poder constituído com argumentos ra-

---

177. SEMITSU. Junichi P. *From Facebook to Mug Shot: How the Dearth of Social Networking Privacy Rights Revolutionized Online Government Surveillance*. Disponível em: < https://bit.ly/2DeEgNC >. Acesso em: 14 fev. 2016.

zoáveis e inteligentes não consiste em ilegalidade: faz parte do processo de evolução da comunidade. Os instrumentos utilizados para proteger a população contra o terrorismo são os mesmos que podem ser utilizados para espionar quem faz oposição ao Estado. Esse tipo de espionagem pode trazer consequências graves para o investigado. Tal risco não pode ser desprezado sob pena de o Estado enfraquecer seu caráter democrático e deixar de buscar o bem comum, tornando-se instrumento de interesses privados.

2.1.2. A privacidade sob a perspectiva normativa

O direito à privacidade diz respeito à tutela de informações pessoais, às quais devem ser de conhecimento único e exclusivo daquele que as detém ou produz. A privacidade pressupõe ausência de interferência de outros indivíduos ou do próprio Estado, se isso é constrangedor à pessoa (dignidade) ou se a exposição é contrária à sua vontade. A Constituição Federal de 1988 dispõe a respeito do tema, conforme já visto, em seu art. 5º, inciso X.

O art. 5º da CR/88 trata, também, da inviolabilidade do sigilo de dados[178], a qual tem relação com o direito fundamental à privacidade previsto no inciso X. Em síntese, o que diz respeito ao indivíduo pode ser excluído do conhecimento de terceiros. Destaco que a ressalva constitucional ao sigilo é feita tão-somente – e "em último caso" – na hipótese em que o sigilo pode limitar informação acerca de um bem tutelado tão caro para a sociedade a ponto de possuir tutela penal. Uma investigação preventiva contra crime tipificado por suposta conduta terrorista, portanto, cabe na interpretação constitucional.

O art. 11 do Código Civil de 2002 (Lei nº 10.406) contém uma cláusula de proteção aos direitos da personalidade, com o escopo de salvaguardar tratamento flexível e amplo a esses direitos[179], compatível com a ordem constitucional. O art. 20 do mesmo código prevê o uso de imagem de terceiros sem o respectivo consentimento somente na hipótese da administração da justiça e da ordem pública[180], enquanto o artigo seguinte prevê a inviolabilidade da vida privada[181].

---

178. XII – **É inviolável o sigilo** da correspondência e das comunicações telegráficas, de dados e das comunicações telefônicas, **salvo**, no último caso, por ordem judicial, nas hipóteses e na forma que a lei estabelecer **para fins de investigação criminal ou instrução processual penal**; (grifos nossos)
179. OLIVEIRA, James Eduardo. *Código Civil anotado e comentado*: doutrina e jurisprudência. Rio de Janeiro: Forense, 2009, p. 15.
180. CAVALIERI FILHO, Sérgio. *Programa de responsabilidade civil*. 8 ed. São Paulo: Atlas, 2008, p. 104.
181. Art. 11. Com exceção dos casos previstos em lei, os direitos da personalidade são intransmissíveis e irrenunciáveis, não podendo o seu exercício sofrer limitação voluntária. [...]
Art. 20. Salvo se autorizadas, ou se necessárias à administração da justiça ou à manutenção da ordem pública, a divulgação de escritos, a transmissão da palavra, ou a publicação, a exposição ou utilização da imagem de uma pessoa poderão ser proibidas, a seu requerimento e sem prejuízo da indenização que couber, se lhe atingirem a honra, a boa fama ou a respeitabilidade, ou se se destinarem a fins comerciais.
Parágrafo único. Em se tratando de morto ou de ausente, são partes legítimas para requerer essa proteção o cônjuge, os ascendentes ou os descendentes.

Veículos de comunicação que utilizam modernas tecnologias de transmissão e difusão de dados e imagens materializam constante tensão entre a vida privada, a imagem e a liberdade de comunicação[182]. Por certo, a pessoa comum não deve suportar a invasão à sua privacidade da mesma forma que uma pessoa pública. Desse modo, já se pode perceber que doutrina e jurisprudência sinalizam, em algumas circunstâncias, a mitigação da privacidade[183] baseando-se no art. 220[184] da CR/88.

A Lei nº 9.296, de 1996, regulamenta o inciso XII, parte final, do art. 5º da CR/88, e versa acerca da interceptação de comunicações telefônicas, de informática e telemática. No art. 10 dessa lei, são criminalizadas certas condutas, *in verbis*: "Art. 10. Constitui crime realizar interceptação de comunicações telefônicas, de informática ou telemática, ou quebrar segredo da Justiça, sem autorização judicial ou com objetivos não autorizados em lei."

Por sua vez, a Lei nº 12.527, de 2011, em seu art. 32, IV, responsabiliza o agente público no trato de informação sigilosa ou pessoal: "Art. 32. Constituem condutas ilícitas que ensejam responsabilidade do agente público ou militar: [...] IV - divulgar ou permitir a divulgação ou acessar ou permitir acesso indevido à informação sigilosa ou informação pessoal."

A legislação ora mencionada, assim como a Lei nº 12.737, de 2012 – a qual dispõe a respeito da tipificação criminal de delitos informáticos –, acaba influenciando o debate a respeito da mitigação da privacidade em favor de investigações que visam a resguardar a segurança nacional. Isso ocorre porque, em grande parte, a ação preventiva de investiga-

---

Art. 21. A vida privada da pessoa natural é inviolável, e o juiz, a requerimento do interessado, adotará as providências necessárias para impedir ou fazer cessar ato contrário a esta norma.
182. BITTAR, Carlos Alberto. *Os direitos da personalidade*. 7. ed. Rio de Janeiro: Forense, 2008, p. 118.
183. MORAES, Alexandre de. *Direitos Humanos Fundamentais*: Teoria Geral. Comentários aos arts. 1º a 5º da Constituição da República Federativa do Brasil. 9 ed. São Paulo: Atlas, 2011, p. 38.
184. Art. 220. A manifestação do pensamento, a criação, a expressão e a informação, sob qualquer forma, processo ou veículo, não sofrerão qualquer restrição, observado o disposto nesta Constituição.
§ 1º Nenhuma lei conterá dispositivo que possa constituir embaraço à plena liberdade de informação jornalística em qualquer veículo de comunicação social, observado o disposto no art. 5º, IV, V, X, XIII e XIV.
§ 2º É vedada toda e qualquer censura de natureza política, ideológica e artística.
§ 3º Compete à lei federal:
I - regular as diversões e espetáculos públicos, cabendo ao poder público informar acerca da natureza deles, as faixas etárias a que não se recomendem, locais e horários em que sua apresentação se mostre inadequada;
II - estabelecer os meios legais que garantam à pessoa e à família a possibilidade de se defenderem de programas ou programações de rádio e televisão que contrariem o disposto no art. 221, bem como da propaganda de produtos, práticas e serviços que possam ser nocivos à saúde e ao meio ambiente.
§ 4º A propaganda comercial de tabaco, bebidas alcoólicas, agrotóxicos, medicamentos e terapias estará sujeita a restrições legais, nos termos do inciso II do parágrafo anterior, e conterá, sempre que necessário, advertência a respeito dos malefícios decorrentes de seu uso.
§ 5º Os meios de comunicação social não podem, direta ou indiretamente, ser objeto de monopólio ou oligopólio.
§ 6º A publicação de veículo impresso de comunicação independe de licença de autoridade.

ção e vigilância acontece ao redor do mundo a partir de mídias eletrônicas, especialmente no trânsito de dados por redes de computadores.

Da análise dos instrumentos normativos supracitados, nota-se que a privacidade parece essencial no cenário interno, onde tem *status* de direito fundamental. Internacionalmente, a privacidade, também, é objeto de discussões e tratados. A Declaração Universal dos Direitos do Homem de 1948 prevê o respeito à privacidade e protege as pessoas contra o próprio Estado de forma evidente, em conformidade com seu art. 12[185].

Note-se que as intromissões vedadas são as arbitrárias. Ademais, percebe-se o viés de conquista civilizatória ao se mencionar a proteção – mesmo que contrarie o Estado – em favor da honra, reputação, família, domicilio, correspondência. Eventuais limitações a essas garantias devem ser muito estudadas, de forma responsável, razoável e proporcional aos objetivos de bem comum que a comunidade almeja no sentido de sua própria sobrevivência.

Em 1992, promulgava-se, e entrava em vigor no Brasil, o Pacto Internacional sobre os Direitos Civis e Políticos, de 1966. Em seu art. 17, o referido diploma internacional declara que:

> 1. Ninguém será objeto de intervenções arbitrárias ou ilegais na sua vida privada, na sua família, no seu domicílio ou na sua correspondência, nem de atentados ilegais à sua honra e à sua reputação.
>
> 2. Toda e qualquer pessoa tem direito à proteção da lei contra tais intervenções ou tais atentados.

O Pacto Internacional sobre os Direitos Civis e Políticos segue tutelando os mesmos bens jurídicos já previstos na Declaração Universal dos Direitos do Homem, ratificando a importância da conquista representada por eles. A privacidade não pode ser um direito de segunda categoria. Mitigá-la deve ser justificado apenas, e tão-somente, em favor da preservação de outros direitos essenciais à vida em comunidade.

No mesmo sentido, o Comitê dos Direitos Humanos, em seu Comentário Geral nº 16[186], adotado na 32ª sessão, de 1988, traz a sua interpretação do artigo supracitado, opinando

---

185. Art. 12. Ninguém sofrerá intromissões arbitrárias na sua vida privada, na sua família, no seu domicílio ou na sua correspondência, nem ataques à sua honra e reputação. Toda pessoa tem direito à proteção da lei, contra tais interferências ou ataques.
186. Mesmo em relação a interferências que estejam em conformidade com o Pacto, a legislação relevante deve **especificar em pormenor as circunstâncias precisas em que tais interferências são permitidas.**

que a vigilância eletrônica deve ser evitada e a privacidade deve ser garantida, como deve ser garantido que sua violação se dará somente por pessoas autorizadas e na forma da lei.

Também para fazer cumprir tais opções legislativas em ambiente cibernético, o pugilato na rede, financiado pela sociedade, pode ser ferramenta muito útil. Garantir que informações privadas não sejam manipuladas por quem não está autorizado a fazê-lo é objetivo com o qual a defesa cibernética pode contribuir. No entanto, é esperado que a vigilância dos dados que trafegam na rede de computadores somente aconteça para que o ambiente esteja mais seguro, podendo.

As Diretrizes da Organização para a Cooperação e Desenvolvimento Econômicos (OCDE) para a Proteção da Privacidade e dos Fluxos Transfronteiriços de Dados Pessoais, adotadas em 23 de setembro de 1980, oferecem princípios referentes à coleta e ao gerenciamento de dados pessoais, quais sejam: princípio de limitação da coleta, da qualidade dos dados, de definição da finalidade, de limitação de utilização, do *back-up* de segurança, de abertura, de participação do indivíduo e de responsabilização[187].

A decisão da admissão de uma tal interferência é tomada exclusivamente pela autoridade designada nos termos da lei e analisada caso a caso. O cumprimento do art. 17 exige que se garantam, 'de jure' e 'de facto', a integridade e a confidencialidade da correspondência.
Deve proibir-se a vigilância, seja eletrônica ou de outra forma, as interseções telefônicas, telegráficas ou por meio de outras formas de comunicação, as escutas telefônicas e a gravação de conversas. As buscas domiciliárias devem restringir-se a buscas de provas necessárias e não devem permitir-se se constituírem uma perseguição. A recolha e conservação de informações pessoais em computadores, bases de dados e outros dispositivos, seja por autoridades públicas ou por particulares ou organismos, devem ser reguladas por lei. **Os Estados têm de adotar medidas eficazes para garantir que as informações a respeito da vida privada de uma pessoa não cheguem às mãos de pessoas que não estejam autorizadas por lei para as receberem, processarem e usarem e que nunca sejam usadas para fins incompatíveis com o Pacto.** Cada indivíduo deve, também, poder saber quais as autoridades públicas, pessoas singulares ou entidades privadas que controlam ou que podem vir a controlar os seus ficheiros. Se os ficheiros contiverem dados pessoais incorrectos ou se tiverem sido recolhidos ou processados de forma contrária à lei, cada indivíduo deve ter o direito de pedir a sua retificação ou eliminação. (grifos nossos)
187. OCDE. *Síntese das diretrizes da OCDE para a proteção da privacidade e dos fluxos transfronteiriços de Dados Pessoais*. Disponível em: <http://www.oecd.org/sti/ieconomy/15590254.pdf>. Acesso em: 15 fev. 2015. Os princípios estão, assim, descritos: "7.**Princípio de limitação da coleta**: a coleta de dados pessoais deveria ser limitada e qualquer desses dados deveria ser obtido por meios legais e justos e, caso houver, informando e pedindo o consentimento do sujeito dos dados. 8.**Princípio de qualidade dos dados**: os dados pessoais deveriam ser relacionados com as finalidades de sua utilização e, na medida necessária, devem ser exatos, completos e permanecer atualizados. 9. **Princípio de definição da finalidade**: os propósitos da coleta de dados pessoais devem ser indicados no momento da coleta de dados no mais tardar e o uso subsequente limitado à realização desses objetivos ou de outros que não sejam incompatíveis e que sejam especificados cada vez que mudar o propósito. 10. **Princípio de limitação de utilização**: dados pessoais não deveriam ser divulgados, comunicados ou utilizados com finalidades outras das que foram especificadas de acordo com o §9º, salvo : 1. com o consentimento do sujeito dos dados; ou 2. por força de lei. 11.**Princípio do *back-up* de segurança**: back-up de segurança regulares deveriam proteger os dados pessoais contra riscos, tais como perda, ou acesso, destruição, uso, modificação ou divulgação desautorizados de dados. 12.**Princípio de abertura**: deveria haver uma política geral de abertura a respeito do desenvolvimento, da prática e da política referentes a dados pessoais. Deveriam estar prontamente disponíveis meios de estabelecer a existência e a natureza de dados pessoais, as finalidades principais de seu uso, bem como a identidade e a residência habitual do controlador de dados. 13.**Princípio de participação do indivíduo**: um indivíduo deveria ter o direito de: 1. obter do controlador de dados, ou por outro meio, a confirmação de que este possui ou não dados referentes a ele; 2. de

Respeitando os princípios elencados naquelas diretrizes, a obtenção de dados por meios legais e justos estaria inserida no princípio de limitação da coleta. O princípio da qualidade dos dados prevê que os dados privados sejam utilizados, apenas e tão-somente, na medida da necessidade e para a finalidade determinada. O princípio da definição da finalidade, por sua vez, oferece suporte para o princípio da qualidade dos dados, pois os propósitos das coletas de dados privados devem ser indicados e respeitados; e, sempre que os propósitos forem modificados, tal fato deve ser especificado. Os dados coletados devem ser utilizados, apenas e tão-somente, para a finalidade determinada já explicitada, salvo com consentimento do sujeito dos dados ou por força legal – trata-se do princípio de limitação de utilização.

O princípio do *back-up* de segurança visa à proteção dos dados pessoais contra riscos. O *back-up* de segurança rotineiro, todavia, pode acarretar na facilitação do acesso indevido a dados pessoais. Para que uma conduta realizada evite riscos ao invés de aumentá-los, deve-se realizar um juízo de conveniência e oportunidade. O princípio da abertura fomenta políticas públicas voltadas à manipulação dos dados pessoais e tem grande relação com o princípio de participação do indivíduo, pois se trata de um ponto que, também, depende de regulação. Por fim, pelo princípio da responsabilização, a sociedade poderá dispor de meios mais eficazes para que a forma e os efeitos da coleta e do processamento de dados privados aconteçam exatamente como a sociedade espera.

As Diretrizes da OCDE para a Proteção da Privacidade e dos Fluxos Transfronteiriços de Dados Pessoais de 1980, que deveriam representar o consenso entre estados a respeito do tema, preveem a cooperação entre os países visando facilitar a troca de informações. Em face das denúncias e das evidências já trazidas, conclui-se que essas diretrizes não são seguidas por países mais desenvolvidos. A motivação parece lógica: a coleta limitada e a limitação temporal para guarda de informações dificultaria a análise dos dados e, consequentemente, o potencial de obtenção de informações.

O princípio da abertura, caso fosse seguido, acarretaria em evidente comprometimento de muitas investigações. Em outras palavras, o consenso conseguido pela OCDE parece não condizer com a realidade fática ante a necessidade de que o terrorismo seja combatido. Assim sendo, a escolha nacional deve, ao mesmo tempo, sustentar coerência e analisar a realidade que não pode ser mudada, para que a escolha nacional não signifique fonte de prejuízos sociais.

---

que lhe sejam comunicados dados relacionados a ele [...]; 3. obter explicações caso fosse rejeitado um pedido feito conforme o disposto nos subparágrafos 1 e 2, e ter meios de contestar tal recusa; 4. contestar dados relacionados a ele e, se a contestação for recebida, pedir que os dados sejam apagados, retificados, completados ou modificados.
14. **Princípio de responsabilização**: o controlador de dados terá de prestar contas pela observância das medidas que dão efeito aos princípios acima indicados." (grifo nosso)

Privilegiar a privacidade ao ignorar o que acontece em outros países pode desaguar na dicotomia do legal e do fático, pois o processamento de dados privados por meios cibernéticos continuará ocorrendo a despeito de quaisquer normas brasileiras que contrariem interesses dos governos das potências mundiais, ainda que digam respeito a dados coletados exclusivamente no Brasil.

Por outro modo, mesmo que o ordenamento jurídico brasileiro, aparentemente, coloque o direito à privacidade como garantia absoluta – uma vez que a CR/88 trata da inviolabilidade da intimidade e da vida privada –, situações como as ameaças terroristas tendem a mitigar, consideravelmente, aquilo que fora concebido durante a Assembleia Constituinte de 1988, suscitando uma reinterpretação das normas. Para tanto, faz-se necessário o aval da própria sociedade, que precisa de segurança e estabilidade para fruir de melhor qualidade de vida. Essa constatação tende a se refletir na jurisprudência.

2.1.3. A privacidade sob a visão jurisprudencial

A fim de selecionar os julgados mais relevantes para a análise em questão, realizei pesquisas no sítio LEXML (rede de informação legislativa e jurídica). Essa ferramenta é um portal de informações jurídicas de destaque no Brasil, incluindo acórdãos, livros, leis e outros instrumentos normativos. As palavras-chave utilizadas foram "privacidade", "privacidade caráter absoluto", "privacidade de dados", "quebra sigilo", "sigilo de dados".

A partir do retorno das buscas, foram selecionados julgados que sintetizassem o entendimento dos tribunais a respeito dos pontos de interesse, chegando ao resultado que passo a compartilhar.

Em acórdão proferido em 2006 por ocasião do Recurso Extraordinário (RE) nº 418416 / SC[188], o Supremo Tribunal Federal (STF) afirmou que a norma constitucional que tutela a privacidade diz respeito à comunicação de dados, mas não aos dados em si, mesmo quando armazenados. Mitigou-se, pois, a proteção que poderia ter abrangido a interpre-

---

188. "(...) IV - Proteção constitucional ao sigilo das comunicações de dados - art. 5º, XVII, da CF: ausência de violação, no caso. 1. Impertinência à hipótese da invocação da AP 307 (Pleno, 13/12/94, Galvão, DJU, 13/10/95), em que a tese da inviolabilidade absoluta de dados de computador não pode ser tomada como consagrada pelo Colegiado, dada a interferência, naquele caso, de outra razão suficiente para a exclusão da prova questionada – por ter sido o microcomputador apreendido sem ordem judicial e a consequente ofensa da garantia da inviolabilidade do domicílio da empresa – esse segundo fundamento bastante, sim, aceito por votação unânime, à luz do art. 5º, XI, da Lei Fundamental. 2. Na espécie, ao contrário, não se questiona que a apreensão dos computadores da empresa do recorrente se fez regularmente, na conformidade e em cumprimento de mandado judicial. 3. Não há violação do art. 5º, XII, da Constituição que, conforme se acentuou na sentença, não se aplica ao caso, pois não houve "quebra de sigilo das comunicações de dados (interceptação das comunicações), mas, sim, apreensão de base física na qual se encontravam os dados, mediante prévia e fundamentada decisão judicial". 4. **A proteção a que se refere o art. 5º, XII, da Constituição, é da comunicação 'de dados' e não dos 'dados em si mesmos', ainda quando armazenados em computador.**" (...) (grifo nosso)

tação da norma, sinalizando com a possibilidade de proteção menos abrangente da privacidade. Por sua vez, o Tribunal Regional Federal (TRF), da 1ª Região, 3ª Turma, no *Habeas Corpus* (HC) nº 2007.01.00.003265-4/DF[189], também, tratou da privacidade de dados em seu julgado. Concluiu que o conhecimento de dados cadastrais, aí incluso o endereço eletrônico, quando desses dados não se pode concluir a respeito do modo de viver ou *status* da pessoa, não atinge a intimidade ou vida privada. Outras decisões, como a Apelação nº 2003.71.00.028192-4/RS, TRF, 4ª Região, 7ª Turma, seguiram no mesmo sentido e o entendimento majoritário é de que não acarreta violação de privacidade a requisição de dados, mesmo cadastrais.

Na jurisprudência brasileira, é nítida a confusão entre os conceitos de intimidade e vida privada, o que converge com a proposição de Danilo Doneda, que cita em sua obra:

> Recurso Especial nº 306570/SP, rel.: Min. Eliana Calmon (DJ„ 18/2/2002, p. 340): "O contribuinte ou o titular da conta bancária tem direito à privacidade em relação aos seus dados pessoais (...)"; [e] o Recurso Especial nº 58101/SP, rel.; Min. César Asfor Rocha (DJ, 9/3/1998, p. 326): "É certo que não se pode cometer o delírio de, em nome do direito à privacidade, estabelecer-se uma redoma protetora em torno de uma pessoa para torná-la imune de qualquer veiculação atinente a sua imagem"[190].

A respeito dessa confusão conceitual, há que considerar que vida privada é conceito que muda no tempo e no espaço. É um direito que pode se impor contra outra pessoa ou mesmo contra o Estado. A Constituição de 1824 associava vida privada à inviolabilidade de domicílio, ainda que de forma implícita, sendo tal conceito reforçado na Carta de 1891. Até a Constituição da República de 1988, as demais foram seguindo a mesma noção de vida privada[191].

Independentemente da confusão dos diferentes conceitos, o que se evidencia na jurisprudência é que a privacidade não é tomada como direito prioritário em muitos casos.

---

189. I. O resguardo do sigilo de dados, genericamente considerado, possui, como garantia que é, função instrumental, no sentido de viabilizar a efetiva realização de direitos individuais relativos à incolumidade da intimidade e da vida privada. Isso significa dizer que a garantia, conceitualmente, por si só, não tem qualquer sentido satisfatório, sendo antes uma projeção do direito cuja tutela instrumentaliza (STF, MS 23452 / RJ – RIO DE JANEIRO, Rel.: Min. Celso de Melo). Nesse contexto, o campo de manifestação da garantia informa-se exatamente pela latitude da necessidade de tutela do direito, a entendermos, conseguintemente, que, não se cogitando de ameaça ou efetiva lesão ao direito à intimidade e à vida privada, igualmente não se pode cogitar em garantia de sigilo de dados. II. O **conhecimento de dados meramente cadastrais, inclusive de** *e-mail,* **quando disso não se extrapola para a dimensão de informações acerca do** *status* **ou** *modus vivendi* **da pessoa, não atinge a intimidade ou a vida privada de alguém, não estando submetido à cláusula de reserva de jurisdição. Licitude da prova produzida nesses termos.** (grifo nosso)
190. DONEDA, Danilo. *Da privacidade à proteção de dados pessoais*. Rio de Janeiro: Renovar, 2006, p. 112.
191. NASCIMENTO, Aline Tiduco Hossaka Molette. *Direito à vida privada e à intimidade do portador do HIV e sua proteção no ambiente de trabalho*. Curitiba: UFPR, 2009. Disponível em: < https://bit.ly/2OHZ5Cn >. Acesso em: 26 jun. 2014.

Quantidade considerável de julgados acerca de privacidade tem reforçado a tese de que esse não é um direito absoluto. Segundo Müller, nenhum direito fundamental pode ser garantido de forma ilimitada[192].

O Acórdão nº 388011 do Processo nº 20090020120351RCL[193], do Tribunal de Justiça do Distrito Federal e dos Territórios, 1ª Turma Criminal, traz uma afirmação de grande interesse para a discussão presente, afirmando, categoricamente, que os direitos à privacidade e à intimidade não são absolutos, haja vista que devem considerar o interesse da sociedade. O referido julgado ainda remete ao princípio da proporcionalidade. Fica, então, a questão: seria proporcional mitigar a privacidade em favor, por exemplo, do combate ao terrorismo? Por certo, o combate ao terrorismo é de interesse social, mas o preço a pagar por ele não é questão pacífica.

O *habeas corpus* do Superior Tribunal de Justiça (STJ) HC 8317 / PA – STJ, 6ª Turma[194], também, trata de privacidade, desta vez acerca de dados bancários. O acórdão admite que o sigilo bancário que decorre do direito à privacidade (em sentido lato) tem sido mitigado por doutrina e jurisprudência em hipóteses de inquérito policial e no processo penal.

Na sequência, destaca-se o acórdão proferido pela 4ª Turma do STJ no REsp 595600 / SC[195], que tratou da autoexposição livre e consciente de pessoas em redes de computadores, por vezes tornando públicos detalhes íntimos. Se alguém expõe a imagem, voluntariamente, em ambiente público, não poderá reivindicar privacidade diante da exposição voluntária. Essa decisão possui importância especial, porque, para coletar da-

---

192. MÜLLER, Friedrich. In: ALEXY, Robert. *Teoría de los Derechos Fundamentales*. Madrid: CEPC, 2001, p. 310.
193. EMENTA: RECLAMAÇÃO – MINISTÉRIO PÚBLICO -- **INTERCEPTAÇÃO TELEFÔNICA - DIREITO À INTIMIDADE E À PRIVACIDADE - CARÁTER RELATIVO** - INTERESSE PÚBLICO – INVESTIGAÇÕES POLICIAIS - ELUCIDAÇÃO DE ESTELIONATO – PROPORCIONALIDADE. I. **O DIREITO À INTIMIDADE E À PRIVACIDADE NÃO POSSUEM CARÁTER ABSOLUTO. CEDE ESPAÇO AO INTERESSE DA SOCIEDADE.** II. O JUIZ DEVE ESTAR ATENTO ÀS CIRCUNSTÂNCIAS ESPECÍFICAS DE CADA CASO. PAUTADO NA PROPORCIONALIDADE, DEVE JUSTIFICAR A **ADMISSIBILIDADE OU NÃO DA INTERCEPTAÇÃO TELEFÔNICA.** III. RECLAMAÇÃO PROVIDA. (grifo nosso)
194. "(...) 1 - A idoneidade do *habeas corpus* como meio de afastar constrangimento decorrente da violação do **sigilo bancário, desdobramento do direito à intimidade e à privacidade, que, por sua vez, compreende-se no campo mais amplo do direito à liberdade, consoante autorizada doutrina, vem sendo admitida pela jurisprudência quando se tratar de processo penal ou inquérito policial.** 2 - Ordem concedida em virtude da carência de fundamentação do despacho impositivo da violação do sigilo bancário sem indicar elementos mínimos de prova quanto à autoria do delito. Decisão: vistos, relatados e discutidos estes autos, acordam os Ministros da Sexta Turma do Superior Tribunal de Justiça, na conformidade dos votos e das notas taquigráficas a seguir, por unanimidade, conceder a ordem de *habeas corpus* para declarar a insubsistência da decisão autorizativa da quebra do sigilo bancário do paciente." (grifo nosso)
195. "(...) Não se pode cometer o delírio de, em nome do direito de privacidade, estabelecer-se uma redoma protetora em torno de uma pessoa para torná-la imune de qualquer veiculação atinente a sua imagem. **Se a demandante expõe sua imagem em cenário público, não é ilícita ou indevida sua reprodução pela imprensa, uma vez que a proteção à privacidade encontra limite na própria exposição realizada.** Recurso especial não conhecido. Decisão: vistos, relatados e discutidos os autos em que são partes as acima indicadas, acordam os Srs. Ministros da Quarta Turma do Superior Tribunal de Justiça, na conformidade dos votos e das notas taquigráficas a seguir, por unanimidade, não conhecer do recurso, nos termos do voto do Sr. Ministro Relator. (grifo nosso)

dos relevantes para a defesa cibernética, os dados, voluntariamente, tornados públicos pelas pessoas, também, têm grande importância. Nesse caso julgado, é difícil pleitear a tutela jurisdicional da privacidade, haja vista os riscos a que o indivíduo se submeteu voluntariamente.

Também o Superior Tribunal Militar (STM) confirmou o entendimento de que a quebra de sigilo bancário de pessoa investigada por crime não se confunde com invasão de privacidade, como se pode verificar no Mandado de Segurança (MS) nº 1997.01.000360-6 / RJ[196], Plenário. No julgado, o STM conclui o mesmo que o STJ no HC 8317 / PA, 6ª Turma, a respeito do sigilo bancário do investigado.

Ao julgar o HC 76203/SP[197], a 2ª Turma do STF discutiu a contaminação do processo penal devido a possível ilegalidade decorrente de violação do direito à privacidade. Concluiu que, devido à apreensão de entorpecentes, já é possível a escuta telefônica, mesmo que dela não seja deflagrada ação penal. A partir desse entendimento, temos subsídios para concluir que, com muito mais razão, seria justificável a mitigação da privacidade em face de uma ameaça potencial à segurança nacional, principalmente com robusta justificativa.

Em outra oportunidade, a 2ª Turma do STF reiterou a relatividade do direito à privacidade. O RE nº 219780 / PE[198] é bastante proveitoso para o debate, uma vez que foram citados alguns dos pontos nos quais a privacidade não deveria ser privilegiada. Para a referida turma, a privacidade cede diante do interesse público e do interesse social, desde que observado o princípio da razoabilidade. Relembro que o pugilato cibernético financiado pelo Estado pretende tutelar, precipuamente, o interesse público e o interesse social.

Finamente, no HC nº 89083 / MS[199], a 1ª Turma do STF afirmou que, em que pese a regra da preservação da privacidade, é lícito coletar dados – inclusive sigilosos – para a

---

196. "**A quebra do sigilo bancário de pessoas sob investigação não se confunde com invasão de privacidade protegida pela Constituição.** Embora medida excepcional, pode o juiz determiná-la, em atendimento à representação do encarregado do IPM assumida pelo RMPM. O mandado de segurança é mesmo o instrumento processual próprio para a Defesa atacar a decisão que pretende seja revogada. mandado de segurança indeferido, por falta de amparo legal. Decisão por maioria." (grifo nosso)
197. "Escuta telefônica que não deflagra ação penal não é causa de contaminação do processo. **Não há violação ao direito à privacidade quando ocorre apreensão de droga e prisão em flagrante de traficante.** Interpretação restritiva do princípio da árvore dos frutos proibidos. *Habeas corpus* indeferido." (grifo nosso)
198. "Se é certo que o **sigilo bancário, que é espécie de direito à privacidade, que a Constituição protege art. 5º, X, não é um direito absoluto, que deve ceder diante do interesse público, do interesse social e do interesse da Justiça**, certo é, também, que ele há de ceder na forma e com observância de procedimento estabelecido em lei e com respeito ao princípio da razoabilidade. No caso, a questão foi posta, pela recorrente, sob ponto de vista puramente constitucional, certo, entretanto, que a disposição constitucional é garantidora do direito, estando as exceções na norma infraconstitucional. II. - RE não conhecido." (grifo nosso)
199. "SIGILO DE DADOS - QUEBRA - INDÍCIOS. **Embora a regra seja a privacidade, mostra-se possível o acesso a dados sigilosos, para o efeito de inquérito ou persecução criminais e por ordem judicial**, ante indícios de prática criminosa." (grifo nosso)

instrução criminal. É interessante refletir a respeito das possibilidades desse entendimento em face da ameaça potencial de ataques cibernéticos, considerando, ainda, que a privacidade, no Brasil, tem sido violada por agências de inteligência internacionais, conforme informações já citadas quando analisados os casos de Edward Snowden e do *site* wikileaks.

Percebe-se, pois, que a interpretação jurisprudencial tem mitigado a privacidade ultimamente e que essa interpretação parece ser aceita pela comunidade, tendo por objetivo maior o bem comum. Com vistas à preservação dos valores mais caros à democracia, a sociedade, aparentemente, tem recebido a mitigação da privacidade como medida necessária para preservar outros direitos e valores. Ainda que essa seja a decisão comunitária presente, é preciso cautela, pois o risco – como já demonstrado –, também, pode ter origem na vigilância em prol da segurança. Equilibrar as conquistas sociais é muito importante, a fim de que nenhuma delas se perca. Diante do exposto, seriam critérios de ponderação entre privacidade e segurança cibernética: a razoabilidade, a proporcionalidade e os objetivos pretendidos pela sociedade.

2.1.4. Estudo de caso: ADI 3059 MC / RS

Um julgado que merece destaque especial é a Ação Direta de Inconstitucionalidade (ADI) nº 3059, do Rio Grande do Sul, cujo relator foi o Ministro Carlos Ayres Britto. Faremos a seguir breve análise do julgado, no qual se discutiu a utilização de *software* livre, relacionando-o com aspectos de interesse para o pugilato cibernético.

A ementa[200] da medida cautelar referente à ADI discorre a respeito da utilização de *softwares* livres ou que não tenham restrições proprietárias. O Rio Grande do Sul instituiu, no âmbito da administração pública sul-rio-grandense, a partir de lei estadual, a preferência na utilização dessa modalidade de *software*. O referido ato normativo impugnado por uma agremiação partidária, do ponto de vista da técnica de defesa cibernética, favorece a defesa cibernética do estado.

---

200. Medida cautelar em ação direta de inconstitucionalidade. Legitimidade de agremiação partidária com representação no Congresso Nacional para deflagrar o processo de controle de constitucionalidade em tese. Inteligência do art. 103, inciso VIII, da Magna Lei. Requisito da pertinência temática antecipadamente satisfeito pelo requerente. Impugnação da Lei nº 11.871/02, do Estado do Rio Grande do Sul, que instituiu, no âmbito da administração pública sul-rio-grandense, a preferencial utilização de *softwares* livres ou sem restrições proprietárias. Plausibilidade jurídica da tese do autor que aponta invasão da competência legiferante reservada à União para produzir normas gerais em tema de licitação, bem como usurpação competencial violadora do pétreo princípio constitucional da separação dos poderes. Reconhece-se, ainda, que o ato normativo impugnado estreita, contra a natureza dos produtos que lhes servem de objeto normativo (bens informáticos), o âmbito de competição dos interessados em se vincular contratualmente ao Estado-administração. Medida cautelar deferida.

O acórdão de 2004 deferiu o pedido cautelar, sustando os efeitos da Lei estadual n° 11.871, de 2002[201]. Essa lei, em seus arts. 1º a 4º, discorre que a administração sul-rio-grandense indireta, direta, fundacional e autárquica, assim como os órgãos autônomos e sociedades empresárias sob o controle do Rio Grande do Sul deveriam utilizar, preferencialmente, os referidos *softwares*, independentemente de regulamentação da lei promulgada.

Entretanto, o mérito da ação – que data de 2015, tendo como novo relator[202] o Ministro Luiz Fux – foi julgado improcedente[203]. O argumento de usurpação da competência da União pelo estado do Rio Grande do Sul foi afastado. Além disso, o STF afirmou que a

---

201. Art. 1º. A administração pública direta, indireta, autárquica e fundacional do Estado do Rio Grande do Sul, assim como os órgãos autônomos e as empresas sob o controle do Estado **utilizarão, preferencialmente, em seus sistemas e equipamentos de informática, programas abertos, livres de restrições proprietárias quanto a sua cessão, alteração e distribuição.**
§ 1º Entende-se por programa aberto aquele cuja licença de propriedade industrial ou intelectual não restrinja, sob nenhum aspecto, a sua cessão, distribuição, utilização ou alteração de suas características originais, assegurando ao usuário acesso irrestrito e sem custos adicionais ao seu código fonte, permitindo a alteração parcial ou total do programa para seu aperfeiçoamento ou adequação.
§ 2º Para fins de caracterização do programa aberto, o código fonte deve ser o recurso preferencial utilizado pelo programador para modificar o programa, não sendo permitido ofuscar sua acessibilidade, nem, tampouco, introduzir qualquer forma intermediária como saída de um pré-processador ou tradutor.
§ 3º Durante aquisição de *softwares* proprietários, será dada preferência para aqueles que operem em ambiente multiplataforma, permitindo sua execução sem restrições em sistemas operacionais baseados em *softwares* livre.
§ 4º A implantação da preferência prevista nesta lei será feita de forma paulatina, baseada em estudos técnicos e de forma a não gerar perda de qualidade nos serviços prestados pelo Estado.
Art. 2º As licenças de programas abertos a serem utilizados pelo Estado deverão, expressamente, permitir modificações e trabalhos derivados, assim como a livre distribuição desses nos mesmos termos da licença do programa original. [...]"
202. O Relator do caso mudou em decorrência da aposentadoria do então relator, Min. Carlos Ayres Britto, que se deu em 16 de novembro de 2012.
203. " [...] 1. A competência legislativa do Estado-membro para dispor acerca das licitações e dos contratos administrativos respalda a fixação por lei de preferência para a aquisição de *softwares* livres pela administração pública regional, sem que se configure usurpação da competência legislativa da União para fixar normas gerais a respeito do tema (CRFB, art. 22, XXVII).
2. A matéria atinente às licitações e aos contratos administrativos não foi expressamente incluída no rol submetido à iniciativa legislativa exclusiva do chefe do Poder Executivo (CRFB, art. 61, §1º, II), sendo, portanto, plenamente suscetível de regramento por lei oriunda de projeto iniciado por qualquer dos membros do Poder Legislativo.
3. A Lei nº 11.871/2002, do Estado do Rio Grande do Sul, não engessou a administração pública regional, revelando-se compatível com o princípio da Separação dos Poderes (CRFB, art. 2º), uma vez que a regra de precedência abstrata em favor dos *softwares* livres pode ser afastada sempre que presentes razões, tecnicamente, justificadas.
4. A Lei nº 11.871/2002, do Estado do Rio Grande do Sul, não exclui do universo de possíveis contratantes pelo poder público nenhum sujeito, sendo certo que todo fabricante de programas de computador poderá participar do certame, independentemente do seu produto, bastando que esteja disposto a celebrar licenciamento amplo desejado pela administração.
5. Os postulados constitucionais da eficiência e da economicidade (CRFB, arts.. 37, *caput*, e 70, *caput*) justificam a iniciativa do legislador estadual em estabelecer a preferência em favor de *softwares* livres a serem adquiridos pela administração pública.
6. Pedido de declaração de inconstitucionalidade julgado improcedente."

referida lei estadual era compatível com os princípios constitucionais da separação de poderes, impessoalidade, eficiência e economicidade.

A decisão foi ratificada nos seguintes termos: "O Tribunal, por unanimidade, julgou improcedente o pedido formulado na ação. Não votou o Ministro Roberto Barroso, sucessor do Ministro Ayres Britto (Relator). Redigirá o acórdão o Ministro Luiz Fux (art. 38, IV, *b*, RISTF)".

Em seu voto, o relator, Ministro Luiz Fux, infere considerações[204] que vão ao encontro dos cuidados desejáveis no que diz respeito à segurança cibernética. *Softwares* com o código aberto evidenciam a presença de códigos maliciosos, facilitando a proteção cibernética dos terminais que os utilizam. Em outras palavras, se houver algo, como uma bomba lógica, tal código malicioso pode ser identificado e o código-fonte pode ser aperfeiçoado, a fim de que funcione exatamente como se deseja. Ademais, a possibilidade de acesso ao código-fonte permite o estudo e aprimoramento da tecnologia nele inserida, inclusive mecanismos de segurança. Tal característica fomenta, inclusive, o desenvolvimento tecnológico nacional, tanto no meio acadêmico, quanto nos demais vetores interessados em estudar o *software* "por dentro", como as indústrias de aplicativos nacionais. Na hipótese de não haver acesso ao código-fonte de determinado aplicativo, não se pode ter certeza de seu conteúdo na íntegra, carecendo de confiança em quem o fez. Se o código-fonte disponibilizado for um código comentado[205], melhor será para aqueles que desejam maior transparência e entendimento dos comandos do programa.

Seguindo em seus argumentos, o relator, no item 21 do relatório, trata da disponibilização do código-fonte do programa e da concorrência de pequenas empresas. No item 22, fala de patentes tecnológicas, às quais alguns Estados não detêm por não possuírem pleno desenvolvimento de determinadas tecnologias de interesse. Em seguida, o Min. Luiz Fux cita o incremento das oportunidades de emprego para a população e as oportunidades oferecidas para pequenas e médias empresas. No item 23, discorre que a utilização de *software* livre pode se mostrar como uma política de incentivo ao desenvolvimento científico e tecnológico regional que se compatibiliza com a Política Nacional de Informática de que trata a Lei nº 7.232, de 1984, e, também, compatível com a política pública expressa no inciso II do art. 3º da Constituição da República. Os itens 24 e 26

---

204. "Vê-se, pois, que a diferença entre *software* "livre" e *software* "proprietário" não está em nenhuma qualidade intrínseca de qualquer das duas tipologias de programa, porém no que toca à licença de uso. O *software* é "livre", quando o detentor do respectivo direito autoral repassa ao usuário o código-fonte do programa, permitindo que este seja livremente estudado, adaptado, alterado, distribuído, etc. E não foi outra a definição de *software* livre que adotou a Lei nº 11.871/2002, do Estado do Rio Grande do Sul. [...]"
205. O código-fonte comentado é aquele que possui comentários dos programadores a respeito dos comandos, o que facilita sua compreensão por pessoal especializado. Os conceitos utilizados neste tópico são os mesmos adotados pelo julgado em análise, que sempre que possível adota os conceitos da norma brasileira.

ratificam o uso e a manipulação dos códigos-fonte dos *softwares* livres como uma forma de aquisição do conhecimento[206].

Em síntese, no que tange às observações constantes do relatório, nota-se a pertinência das considerações feitas e a compatibilidade com a natureza técnica do assunto. Os códigos-fonte disponibilizados nos *softwares* livres – que podem, inclusive, vir com comentários de programadores, o que facilita a compreensão dos comandos – fomentam o pleno desenvolvimento das tecnologias envolvidas, incrementam as oportunidades de empregos de maior qualidade para a população, oferecem oportunidades extras para pequenos e médios empreendedores. Materializa, pois, uma política pública expressa em leis e na Constituição.

O acerto da decisão do STF pode ser ratificado pela oportunidade de se gerar fomento ao desenvolvimento de novas tecnologias, emprego e renda. A decisão proferida fomenta,

---

[206]. "21. Amadurecida a reflexão desde o julgamento da medida cautelar, hoje estou convencido de que a resposta é negativa. Isto porque todos os que hajam desenvolvido um *software* e que tenham interesse em contratar com a administração pública podem se adequar à preferência legal. Basta que disponibilizem o código-fonte do programa. Podem concorrer desde as conhecidas multinacionais estrangeiras até as pequenas empresas brasileiras, sem que a preferência por um *software* 'livre' seja obstáculo a nenhuma delas. Quando a administração pública instaura um processo licitatório para a aquisição de um programa de computador, pretende, na verdade, adquirir a licença de uso de um *software*, quase sempre acompanhada do suporte técnico para o efetivo funcionamento do programa nos sistemas e computadores da administração. Ora, estabelecer preferência pelo *software* 'livre' nada mais é do que escolher o tipo de licenciamento que melhor atenda às necessidades públicas (lembre-se: a diferença entre o *software* 'livre' e o *software* 'proprietário' não está no programa em si, mas no tipo de licença de uso). E o fato é que a Constituição Federal permite à administração pública ditar as especificações técnicas do produto a ser adquirido, nos termos da parte final do inciso XXI do art. 37 da CF [...]

22. [...] Como realçou o Advogado-Geral da União, 'a migração dos sistemas de informação do setor público para *softwares* livres aumenta a demanda desses programas, gerando, no âmbito dos estados, especialmente daqueles em desenvolvimento e que não detêm patentes tecnológicas, um incremento das oportunidades de emprego para a população. Como já anotado, notabiliza-se que pequenas e médias empresas passam a concorrer em igualdade de condições com as grandes multinacionais, detentoras dos registros de programas proprietários'. Acresço: num mercado sabidamente concentracionário de poder em poucas empresas multinacionais, a utilização preferencial do *software* livre acaba por abrir, com mais generosidade, o leque de opções à administração pública e, assim, ampliar o próprio âmbito dos competidores.[...]

23. O que subjaz à lei impugnada é, em rigor, uma política de incentivo ao desenvolvimento científico e tecnológico regional. Política em tudo compatível com o objetivo fundamental que se lê no inciso II do art. 3º da Constituição. Política pública regional que afina com a 'Política Nacional de Informática' de que trata a Lei nº 7.232/84. Iniciativa, enfim, viabilizadora da 'autonomia tecnológica do País' (art. 219 da CF). [...]

24. Daqui se segue que o estabelecimento dê preferência pela utilização de programas abertos de computador nos órgãos e nas entidades da administração pública consiste em saudável e natural política pública em tema de natureza administrativa. Nessa medida, não se confunde com indevida limitação da discricionariedade do administrador. [...]

26. Sucede que, aprofundando a análise da medida cautelar, tenho que existe, sim, um atributo do *software* 'livre' que justifica a preferência estabelecia em lei: a aquisição do conhecimento. Quando a administração pública visa a adquirir um programa de computador, a proposta mais vantajosa será, quase sempre, aquela que lhe permita não somente usar o *software*, como, também, conhecer e dominar sua tecnologia. Isto tanto para viabilizar futuras adaptações e aperfeiçoamentos, quanto para avaliar a real segurança das informações públicas. Tendo em vista essas específicas necessidades do poder público, pode-se afirmar, então, que o *software* 'livre' é, a princípio, mais vantajoso, devendo, portanto, ter preferência em relação ao *software* 'proprietário'."

ainda, a segurança, aspecto principal deste trabalho, favorecendo a atuação do Estado no pugilato cibernético, tanto pela utilização de *softwares* mais seguros por serem conhecidos "por dentro", como pelo estímulo à especialização de talentos humanos para auxiliar no combate às ilegalidades no ciberespaço.

2.2 Os limites entre o direito à privacidade e o pugilato cibernético

Os limites entre o direito à privacidade e a vigilância típica do pugilato cibernético devem ser buscados tendo como parâmetros a necessidade da sociedade por segurança e a realidade vivida na internet. A medida da necessidade pode ser um guia, mas devemos considerar até que ponto a privacidade já é mitigada em relação aos demais atores e o que se pode fazer a respeito.

Em nome da estabilidade das relações sociais, regras jurídicas são imprescindíveis, também, no mundo virtual. A segurança jurídica pode melhorar a qualidade de vida e contribuir para o progresso do Estado. Tendo em vista a dificuldade de fazer valer a jurisdição no mundo virtual, em algumas situações a melhor forma de assegurar o cumprimento das normas é a defesa técnica – no caso, a defesa cibernética – dos bens tutelados pelo Direito. O pugilato cibernético bem conduzido pode ser uma solução quando o que está em jogo é a segurança nacional. Segundo João Gabriel Álvares, "a defesa cibernética [...] se mostra como importante instrumento que, em última análise, pode garantir o *status quo* e a paz social de um Estado Democrático de Direito como o Brasil, no ciberespaço"[207].

Algumas medidas podem ajudar a preservar a privacidade de usuários da internet. O uso de um sistema operacional como o *Tails*, por exemplo, foi recomendado para pessoas que queriam proteger seus dados contra a atuação de agências de inteligência[208]. O sistema operacional Ubuntu, por sua vez, já foi considerado o mais seguro pelo governo britânico[209]. No entanto, note-se que esse tipo de proteção é individual.

Ataques cibernéticos têm sido comuns no Brasil. A média de ataques em 2014 foi de cerca de 1000 por dia, sendo que mais da metade com origem dentro do próprio País e cerca de 35% com origem no exterior[210]. Essa margem permite concluirmos que grande

---
207. ÁLVARES, João Gabriel. Territorialidade e guerra cibernética: novo paradigma fronteiriço. In: *Segurança e Defesa Cibernética*: da fronteira física aos muros virtuais. Recife: UFPE, 2014.
208. DAILYTASK. *Tails: o sistema operacional mais protegido contra a NSA*. Disponível em: < https://bit.ly/2xr4WFI >. Acesso em: 9 ago. 2014.
209. CANALTECH. *Governo britânico considera Ubuntu o sistema operacional mais seguro*. Disponível em: < https://bit.ly/1dafZ1b >. Acesso em: 9 ago. 2014.
210. OLIVEIRA, Eduardo Levi Chaves Barbosa de; SANTOS, Saulo Alex Santana; ROCHA, Fábio Gomes. *Software* livre na auditoria e segurança da informação: desenvolvimento de sistema operacional para perícia, auditoria, teste e gestão de segurança da informação. In: *Anais 2014 da 16ª Semana de pesquisa da Universidade Tiradentes*: ciência e tecnologia para um Brasil sem fronteiras. Disponível em: < https://bit.ly/2xBEUyF >. Acesso em: 14 jan. 2016.

parte dos autores de ilícitos cibernéticos pode ser sancionada sem sair do território brasileiro. Para identificar os autores das ameaças, porém, é necessária a atuação de pessoal especializado.

Apesar de ser possível dificultar, individualmente, o acesso a dados privados, o Estado pode tutelar os direitos e as garantias individuais previstos na Constituição da República de 1988 a partir da difusão de informações de segurança, de leis, de preparação cognitiva de profissionais para atuar na defesa cibernética e de um aparato tecnológico que imponha a vontade manifestada pela sociedade.

É certo que o pugilato cibernético entre Estados impacta na privacidade dos investigados. Há que considerar, entretanto, que as normas nacionais podem contribuir ou limitar a eficiência dos resultados apresentados pelo pugilato cibernético em favor da sociedade.

O art. 3º do Marco Civil da Internet assegura a proteção à privacidade na rede. A referida lei é muito clara ao privilegiar a privacidade, mas, a despeito do mandamento legal, lesões a esse direito fundamental acontecem. Se a lesão à privacidade acontece a partir de uma agência de inteligência estrangeira, por exemplo, a norma nacional não alcançará, em regra, o agente que causou o dano. A única solução efetiva será a técnica, pois a diplomacia dificilmente conseguirá fazer valer a norma nacional em um Estado estrangeiro. Se a lesão à privacidade foi praticada por uma empresa transnacional, provavelmente ela o fará a partir de um país cujas normas sejam permissivas ou omissas em relação àquela conduta. A solução possível virá, mais uma vez, da capacidade técnica de impor o mandamento legal em território nacional. Também nessas hipóteses, resultados eficazes podem depender de mais vigilância. O Brasil faz parte de um pequeno número de estados que regulamentou o uso da internet de forma específica[211].

O Estado estrangeiro, ou suas empresas, continuará fazendo tudo o que suas normas nacionais permitam, ainda que viole leis brasileiras e implique na mitigação da privacidade de usuário no Brasil. Certo é que aberrações podem ser colocadas como exemplo a ser combatido pela comunidade internacional, tais como a espionagem dos *e-mails* da ex-presidente do Brasil Dilma Rousseff e da Chanceler alemã Angela Merkel realizadas pela NSA[212].

Se a única solução que protege a soberania brasileira em seu próprio território é técnica, faz sentido que o Estado brasileiro a implemente. Para que se tenha uma ideia da

---

211. BEZERRA, Arthur C.; WALTZ, Igor. *Privacidade, neutralidade e inimputabilidade da internet no Brasil*. Revista Eptic Online Vol.16 n.2 p.161-175 maio-ago 2014. Disponível em: < https://bit.ly/2xL4D8f >. Acesso em: 8 jan. 2016.
212. SNOWDEN, Edward. *Milênio: Sonia Bridi entrevista Edward Snowden*. Disponível em: < https://bit.ly/2O3slGC >. Acesso em: 8 jun. 2014.

relevância do tema para o Estado, havia, no orçamento da União de 2012, a previsão de investimento na ordem de 111 milhões de reais para a implantação do sistema de defesa cibernética, a fim de dar ao Exército Brasileiro a capacidade operacional de pronta resposta de defesa em áreas sensíveis nos campos civil, industrial e militar[213]. Essa destinação orçamentária ocorreu antes das denúncias de Edward Snowden de que a Petrobras estava sendo espionada[214].

A partir do pugilato cibernético, o Estado pode se proteger e os seus cidadãos de ameaças sem agredir outras soberanias, preservando a ordem jurídica constitucional e a paz social. Se o aparato do Estado não for suficientemente seguro, poderá, ao menos, dificultar a atuação indesejada.

Crimes e ilícitos cibernéticos podem causar graves danos à sociedade, pois podem ameaçar serviços públicos essenciais, instituições bancárias, bolsas de valores, privacidade de cidadãos comuns e de autoridades etc. Uma vez que ilícitos cibernéticos impõem riscos para a sociedade, como já tratado no primeiro capítulo, um governo não pode ser considerado suficientemente confiável para manipular dados pessoais a respeito da vida privada, haja vista que pode utilizar essas informações a seu próprio favor, e não em prol da coletividade, da comunidade. Cresce a importância de que esses dados sejam manipulados por instituições com pouca ou nenhuma ingerência política, mas com fluxo de recursos contínuos, independentemente do partido ou da coalizão que governa o País. É desejável um controle externo apolítico da atividade cibernética desempenhada pelo Estado, a ser realizado por pessoal com qualificação técnica compatível, mediante remuneração, mas que não se torne uma carreira estável, e, sim, uma função temporária exercida em decorrência de mérito técnico.

Reforço que, na internet, como já constatado, a maior parte dos dados trafega sem qualquer tecnologia de segurança da informação[215]. Quando se olha uma praça pública, é possível ver casais passeando, crianças brincando ao sol, pessoas ouvindo música, alguém lanchando ou lendo um livro. Quando se observam dados trafegando sem segurança na internet, em tese, é possível ver se aqueles casais assistem vídeos pornográficos, se há indícios de infidelidade, o que compram e de quais lojas, qual o número do cartão de crédito que usam, para onde pretendem viajar nas férias, com quem trocam mensagens, quais arquivos deixam na nuvem, a que horas e de quais localizações acessam a rede etc.

---

213. MENEZES, Dyelle. *Ação para defesa cibernética recebeu apenas 31% do previsto ano passado*. Disponível em: < https://bit.ly/2xAGIZ2 >. Acesso em: 8 jun.14.
214. PORTAL G1. *Petrobras foi espionada pelos EUA, apontam documentos da NSA*. Fantástico. Edição do dia 8/9/2013. Disponível em: < https://glo.bo/1RUBnvM >. Acesso em 7 fev. 2015.
215. HARRIS, Shon. CISSP. Sixth Edition. USA: Mc Graw Hill, 2013, p. 21-155.

Consideremos, ainda, o número enorme de usuários que disponibilizam, voluntariamente, dados pessoais na internet. É de se perguntar quantos deles realmente entendem o alcance e o valor dos dados que podem ser levantados a partir do que, voluntariamente, oferecem a empresas na rede – tais como as proprietárias das redes sociais e outros *sites* que coletam informações, como os servidores gratuitos de *e-mail* normalmente fazem.

O Google, em razão dos termos de privacidade[216] a que sujeita seus usuários, está em "rota de colisão" com a União Europeia. O Tribunal de Justiça da União Europeia reconheceu o direito dos cidadãos de serem "esquecidos", desde que peticionem. Atualmente, qualquer pessoa na Europa pode pedir ao Google para que retire de suas ferramentas de busca *sites* desatualizados ou com informações prejudiciais a respeito de quem peticiona[217]. Porém, as informações continuarão existindo nos servidores da empresa.

É nítido que o Estado tem que proteger os cidadãos menos precavidos. A defesa do Estado pode atuar, inclusive, em defesa da privacidade das pessoas em relação aos outros atores da rede. A privacidade defendida no Marco Civil da Internet será uma norma de aplicação limitada, tendo como uma das causas desse fato o lucro proporcionado às empresas que coletam, analisam e comercializam dados pessoais dos usuários.

Uma questão intrigante nesse debate é se seria razoável e proporcional que se adotassem diferentes posturas de investigação quando se toma como referencial cidadãos ou não cidadãos, ou aliados e não aliados. A solução estadunidense, de acordo com declarações publicadas na imprensa, trata de maneira diferente os aliados e os não aliados[218]. Parece haver a mesma sorte de tratamento diferenciado entre cidadãos e não cidadãos.

Alguns órgãos de outros Estados formalizaram pedidos aos seus respectivos poderes legislativos tratando da obtenção de dados que trafegam em rede. Um dos exemplos aconteceu com um projeto de lei estadunidense (Projeto de Lei nº 266 do Senado) não aprovado, o qual propunha:

> É o julgamento do Congresso [estadunidense] que fornecedores de serviços de comunicações eletrônicas e fabricantes de equipamentos de serviços de comunicações eletrônicas devem assegurar que sistemas de comunicações permitam ao Governo obter o conteúdo integral de voz, dados e outras comunicações quando apropriadamente autorizado pela lei.

---

216. FUCHS, Christian. Web 2.0, *Prosumption, and Surveillance*. In: *Surveillance & Society*. vol. 8, nº 3., 2011, Queen's University, Canada. Disponível em: <https://bit.ly/2PUwURb>. Acesso em: 6 fev. 2016.
217. WATERS, Richard. *Google acata decisão da União Europeia sobre privacidade*. Disponível em: <https://bit.ly/2NWoMSI >. Acesso em: 6 set. 2014.
218. PORTAL G1. *EUA vão interromper espionagem de líderes aliados, promete Obama*. Disponível em: <https://glo.bo/1kGPiLE >. Acesso em: 9 ago. 2014.

Com essa redação, a norma obrigaria que os fornecedores de comunicações eletrônicas implementassem em seus sistemas formas de o governo norte-americano acessar as informações que lhe interessassem sempre que permitido pela lei[219].

Em 1992, também nos Estados Unidos, houve uma proposta recusada pelo Congresso à época e reapresentada em 1994, a qual requeria que todos os fabricantes de equipamentos de comunicações embutissem portas especiais que possibilitassem grampo remoto pelo FBI[220]. Diante desse cenário, fica-nos a questão: e se algum país exportador de equipamentos de comunicação instalasse dispositivos semelhantes em seus produtos? Caso isso ocorresse, apenas um corpo técnico especializado poderia tentar identificá-los.

O governo estadunidense encorajou empresas nacionais – como a AT&T: maior empreendimento de telefonia estadunidense – a utilizar em seus dispositivos um sistema com certo algoritmo que permitiria que o governo acessasse informação criptografada sempre que fosse permitido por norma legal[221]. Como consequência, a China proibiu a compra de aparelhos da empresa americana Apple com dinheiro público, supostamente pelo receio de espionagem implementada a partir de aparelhos dessa marca[222].

Para que não se imagine que ferramentas de invasão à privacidade são fomentadas somente em um país, há sérios indícios de que a China[223] empregava mais de dois milhões de pessoas com a atribuição de controlar a conduta de seus cidadãos na internet[224]. Naquele país, há quem afirme que existe um controle de históricos de acesso, correios eletrônicos e outras informações pessoais. Wang Xiamong, oposicionista do regime chinês, foi condenado à prisão por dez anos em razão de uma sentença que o condenou com base em dados sigilosos e pessoais fornecidos pelo Yahoo. Ainda na China, Shi Tao foi condenado em circunstâncias semelhantes[225]. Conclui-se, portanto, que alguns países podem até fazer bom uso das informações disponibilizadas, mas é muito elevado o risco de se permitir coletas de dados pessoais amplas e irrestritas em qualquer regime, especialmente em estados com instituições democráticas débeis. A respeito desse aspecto, é possível que muitos dos alemães que estão buscando máquinas de escrever tenham

---

219. ZIMMERMANN, Phil. *Por que você precisa do PGP?* Disponível em: <http://www.pgpi.org/doc/whypgp/br/>. Acesso em: 9 ago. 2014.
220. *Ibidem*.
221. *Ibidem*.
222. YANG, Steven; CHEN, Lulu Yilun. *Governo da China não quer mais os MacBooks e iPads da Apple.* Disponível em: < https://abr.ai/2OHpbp8 >. Acesso em: 9 ago. 2014.
223. THE US-CHINA ECONOMIC AND SECURITY REVIEW COMISSION. *Capability of the people's Republico f China to conduct cyber warfare and computer network exploitation.* McLean: Northrop Grumman Co., 2009.
224. AGÊNCIA LUSA. *China emprega 2 milhões de pessoas para controlar a internet.* Disponível em: < https://bit.ly/2NYOkyr >. Acesso em: 9 ago. 2014.
225. TERRA TECNOLOGIA. *Saiba como funciona o controle da internet na China.* Disponível em: < https://bit.ly/2NZtzTm >. Acesso em: 9 ago. 2014.

receio de espionagem estatal, provavelmente como reflexo das recordações da Alemanha nazista e da atuação da polícia secreta da Alemanha Oriental.

Os supostos casos de espionagem atribuídos à NSA fizeram com que alemães ficassem em prontidão. O temor se estende para outros ramos da indústria de "conectáveis": empresas de tecnologia americana têm perdido mercado na Alemanha. Atribui-se a perda de mercado ao receio de espionagem. Coerentemente com essa preocupação, aumentaram as vendas de celulares com tecnologia que criptografa (embaralha) as conexões, produzidos por uma empresa sediada em Washington. O Governo alemão cancelou um contrato que tinha com a gigante de comunicação estadunidense Verizon. A chanceler alemã, Angela Merkel, sugeriu a "criação de uma 'internet europeia', com a suposta finalidade de não depender de servidores americanos, pois seria implementada apenas por empresas europeias"[226]. Essa alternativa pode até solucionar em parte o problema dos governos de países europeus, mas não o dos seus cidadãos e seu direito à privacidade.

Atuando constantemente no pugilato cibernético, só deve ser permitido ao Estado atentar contra a privacidade em situações determinadas ou ao menos determináveis, limitadas pela utilização de princípios como proporcionalidade, razoabilidade e dignidade da pessoa humana. O especialista em pugilato cibernético precisa saber os limites de sua atuação visando ao bom exercício do seu trabalho, sendo-lhe oferecida a segurança jurídica necessária. Caso contrário, quando tenha dúvida acerca da legalidade dos seus atos, a tendência é que o agente público faça menos do que lhe é permitido e do que seria desejável para o cumprimento de sua missão de defesa da coletividade.

O agente público, que escolhe servir à sociedade por profissão, deve exercer suas tarefas dentro da legalidade, e a legalidade a que está sujeito é estrita: ao contrário da sociedade como um todo, em que se pode fazer tudo que não é proibido por lei, o agente público só pode agir de determinado modo se houver norma que o ampare a proceder desta ou daquela maneira.

Observa-se que as circunstâncias do mundo contemporâneo têm imposto mitigações ao conceito de privacidade. Os Estados[227], sobretudo os que atuam mais explicitamente no combate ao terrorismo, argumentam pela necessidade de novas dinâmicas no que tange à privacidade. Em síntese, eles defendem que investigar e prevenir atos terroristas é algo intimamente ligado aos poderes estatais de vigilância. Consequentemente, a legislação de países centrais, como Estados Unidos e França, tem se adaptado a essa "nova" demanda. Outro ponto a ser considerado é o fato de que os atos terroristas não são restritos a

---
226. REDAÇÃO ÉPOCA. *Medo de espionagem aumenta venda de máquinas de escrever na Alemanha*. Disponível em: < https://glo.bo/2O42heQ >. Acesso em: 9 ago. 2014.
227. THE US-CHINA ECONOMIC AND SECURITY REVIEW COMISSION. *Capability of the people's Republic of China to conduct cyber warfare and computer network exploitation*. McLean: Northrop Grumman Co., 2009.

fronteiras nacionais, o que leva a crer que os Estados que possuem condições favoráveis já estão realizando essa espécie de vigilância além de seus territórios.

A despeito da mitigação da privacidade de usuários em prol do bem comum, há uma tendência de controle da internet resultando em restrições no acesso a dados e a serviços globais, bloqueando fluxo de dados internacionais, dificultando o acesso a direitos sociais, econômicos ou civis a partir de dados de localização etc. Tais atitudes – que quase sempre partem de governos – têm diminuído a capacidade de pessoas físicas e jurídicas de se beneficiarem do acesso ao conhecimento e do acesso a mercados internacionais, reforçando o controle acerca de quais informações são disponibilizadas localmente[228], com evidente prejuízo para a sociedade pela limitação de acesso a dados, bens e serviços oferecidos por endereços eletrônicos estrangeiros que não estão sujeitos às mesmas restrições. Pode-se exemplificar pela censura que determinados países fazem com relação a alguns *sites* da internet e pela não aceitação de troca de dados imposta por determinados *sites* que restringem acesso a depender da origem do usuário. O fato fica evidente quando se nega, por exemplo, o acesso a um aplicativo a depender da origem ou destino provável do acesso.

---

228. CHANDER, Anupam; LE, Uyen P. *Breaking the Web*: Data Localization vs. the Global Internet. Disponível em: < https://bit.ly/1iTwmpZ >. Acesso em: 9 fev. 2016.

3. O DESAFIO JURÍDICO DE LIDAR COM O PUGILATO CIBERNÉTICO

Os bens jurídicos mais caros para determinada sociedade são tutelados, em geral, de forma peculiar, sendo que lesões a esses bens são consideradas condutas criminosas, objeto do Direito Penal. Por exemplo, as comunidades que percebem o terrorismo como algo repugnante criminalizam as condutas relacionadas ao terrorismo, tipificando-as em leis penais. Em face da dificuldade para impor a lei em ambiente cibernético hostil, faremos uma abordagem dos crimes cibernéticos, identificando problemas relacionados com o princípio da territorialidade e sua aplicabilidade no ciberespaço.

Relacionada a crimes cibernéticos, a Lei nº 12.737, de 2012, que dispõe acerca da tipificação criminal de delitos informáticos, tem por objetivo tutelar dados existentes em dispositivos informáticos. Essa lei introduziu no Código Penal (art. 154-A) o seguinte crime: devassar dispositivo informático alheio, conectado ou não na rede de computadores, mediante violação indevida de mecanismo de segurança e com o fim de obter, ou destruir dados ou informações sem autorização expressa ou tácita do titular do dispositivo. A inviolabilidade de dados armazenados, conforme já tratado, decorre do mandamento constitucional previsto no art. 5º, X, da CR/88, como manifestação do direito à privacidade e à intimidade.

A sociedade necessita de instrumentos de controle para fazer valer o que foi estabelecido em normas. A norma materializa o que se pode entender por gestão de riscos sociais. Se determinada conduta oferece grande risco social, ela provavelmente será criminalizada, o que não acontecerá com uma conduta que pouco ou nenhum risco oferece para a sociedade.

Condutas que, reconhecidamente, geram riscos sociais significativos são criminalizadas ou, de alguma outra forma, desestimuladas. Portanto, pode-se supor que, sempre que uma conduta é criminalizada, ela é especialmente danosa para a sociedade. Nesse ponto, cabe uma observação: os povos cultuam valores distintos; logo, criminalizam diferentes condutas. Assim sendo, não se pode contar, necessariamente, com o apoio de outros estados quando determinada conduta fere bens caros particularmente à sociedade de referência. Pode ser que, em outros contextos sociais, aquele bem jurídico não seja tão relevante a ponto de ser tutelado.

Nem sempre a sociedade, por meio das suas instituições, consegue impor os interesses sociais representados por princípios jurídicos consagrados. De forma geral, os Estados criminalizam a agressão contra a vida, em razão do valor destacado do bem jurídico "vida". Vale ressaltar que, por intermédio da defesa cibernética, um Estado pode defender outro Estado de ameaças no ciberespaço: ataques feitos por terroristas, por grupo de pessoas sem objetivo definido ou por um indivíduo altamente especializado com intenção de causar dano a outrem usando redes de computadores. A inteligência de um país pode auxiliar outros Estados a partir de cooperação internacional motivada por interesses comuns.

É desejável que a sociedade coíba condutas criminosas da forma mais contundente possível, desde que respeitados os princípios da proporcionalidade, da razoabilidade e da dignidade da pessoa humana, a legitimarem a ação dos agentes estatais.

No contraponto da defesa está a necessidade de vigilância, tanto maior quanto mais eficiente se pretenda a segurança. E vigilância cibernética é sinônimo de relativizar a privacidade. Para compreender o alcance da jurisdição do Estado, convém que sejam recapitulados os conceitos de territorialidade e extraterritorialidade.

Os Estados, em geral, preveem hipóteses de aplicação de sua própria norma penal em territórios nos quais não possuem soberania, o que pode causar conflitos entre normas de diferentes nacionalidades. O Código Penal brasileiro – assim como o de tantos outros países – pode prever que sua norma alcance um agente localizado fora de seu território. Isso acontece em casos de crimes informáticos, também conhecidos como crimes cibernéticos. Porém, esse alcance depende da anuência do país onde se encontra o agente da conduta considerada criminosa.

Como o Estado não alcança esse agente para fazer valer a Lei Penal brasileira em território estrangeiro, é fundamental a supremacia técnica ou, pelo menos, a preponderância técnica. Alternativamente, pode-se pedir intervenção de algum país aliado que possua superioridade no ciberespaço para combater uma ameaça, mas essa impotência demonstra fragilidade na manutenção da soberania nacional, pela falta de capacidade de se defender satisfatoriamente. Em muitos casos, os agentes que causam danos usando redes de computadores não são alcançáveis por eventual decisão brasileira em razão de estarem fora do território ou do alcance da jurisdição nacional. Eventualmente, a conduta considerada criminosa no Brasil pode ser lícita no país onde foi praticada, em função das diferenças existentes entre as culturas.

Eis uma importante razão para que o Estado se mova no sentido de conquistar supremacia técnica no pugilato cibernético: pode ser uma das poucas formas de fazer valer a lei dentro ou fora da jurisdição brasileira, quiçá a única forma eficaz de preservar os bens jurídicos que o ordenamento nacional pretende tutelar.

A realidade ora apresentada é sabida e se faz presente mesmo em países centrais. Por vezes, a primeira dificuldade é a identificação do autor de determinada conduta indesejável praticada pela internet[229].

3.1 Contexto normativo global

Para entender o contexto normativo global, é imprescindível tecer comentários acerca da regulação, cumulativamente com os instrumentos legais já abordados. Regular comportamentos em áreas de interesse social é a proposta do Estado Regulador. A regulação, que normalmente possui viés jurídico-econômico determinante, vê a atuação do Estado na economia ganhar um contorno distinto do que ocorre em outros modelos de Estado. Isso ocorre porque valores não econômicos relevantes são, também, mensurados nesse estudo, não sendo o direito econômico suficiente para essa análise. Caso soe estranho tratar de direito econômico ao abordar esse tema, lembremo-nos que o pugilato cibernético pode causar enorme impacto econômico em diversos setores, inclusive em ambiente empresarial.

Castells destaca que a ascensão do Estado Regulador, que se deu principalmente a partir dos anos 1980[230], contribuiu para o declínio dos meios clássicos de regulação do próprio Estado. A partir de então, notou-se uma crise no embasamento clássico do Estado industrial democrático acerca dos conceitos de soberania e representatividade democrática, fazendo com que o Estado se torne cada vez mais frágil no contexto global e menos representativo internamente. A fragilidade apontada por Castells é reforçada em Estados periféricos, como é o caso do Brasil, em razão das consistentes demandas sociais combinadas com a limitação dos recursos disponíveis para o Estado administrador notadamente perdulário: "Gasta muito e, ao fazê-lo, privilegia uns poucos, em detrimento da maioria, pois não investe nos serviços públicos essenciais dos quais essa [maioria] carece"[231].

O Estado Regulador aparece, atualmente, com uma forma redesenhada de intervencionismo estatal, voltando-se para um novo sentido oferecido ao comando e controle,

---
229. EZEKIEL, Alan W. *Hackers, spies, and stolen secrets: protecting law firms from data theft*. In: Harvard Journal of Law & Technology Volume 26, Number 2 Spring 2013. Disponível em: < https://bit.ly/2OHwrkY >. Acesso em: 14 jan. 2016.
230. ROSSI, G. *Pubblico e Privatto nell'Economia di Fini Secolo. Le Trasformazioni del Diritto Amministrativo*. Milano: Giuffrè Editore, 1995, p. 230-242.
231. MACHADO, H. B. *Curso de Direito Tributário*. São Paulo: Malheiros Editores, 2008, p. 26.

talvez mais sutil, porém não necessariamente menos efetivo[232]. Para Chevallier, o Estado Regulador torna-se um estrategista que harmoniza interesses, viabilizando a prestação dos serviços de forma conveniente[233].

Considere-se, conforme afirma Aguillar, o fato de que a regulação exitosa em estados centrais pode não ser um modelo importável por estados periféricos sem modificação: ele sugere que se adapte a regulação às circunstâncias, à realidade fática do local onde ela será implementada e efetivada. Em face das diferentes realidades sociais, diferentes circunstâncias influenciam a implementação de uma regulação adequada[234].

A regulação das tecnologias da informação e comunicação contemporâneas, em especial a comunicação realizada por redes de computadores, esbarra na peculiaridade de que o serviço tornou-se essencial para a vida em sociedade. Ademais, as tecnologias da informação e comunicação são de difícil controle por parte de qualquer Estado, em função das peculiaridades que podem tornar ineficazes as tentativas de regulação legal: como visto, a internet não respeita o conceito clássico de territorialidade, primordial para a soberania de um Estado. Em outras palavras, a internet tem mitigado a soberania dos estados.

A conclusão parcial é que, possivelmente, será ineficaz qualquer tentativa de regulação jurídica da internet que não seja ratificada por outros atores internacionais. Nessa hipótese, a supremacia técnica no setor cibernético torna-se uma alternativa para manter tutelados os bens jurídicos que o Estado brasileiro pretende proteger.

No que tange a estratégias e prioridades de regulação, Wimmer, Pieranti e Aranha (2009) trouxeram importantes reflexões a respeito de alguns setores regulados que auxiliam na reflexão acerca do ciberespaço. Esses autores entendem que a comunicação de massa, por exemplo, deve ser regulada por quatro razões não excludentes. A primeira razão seria a força política dos meios de comunicação de massa, que podem se tornar uma ameaça para a sociedade e para o *status quo*. Tais meios de comunicação podem induzir uma nação a caminhos e descaminhos. Em virtude dessas características, não seria recomendável aplicar as regras naturais de regulação aos meios de comunicação. Consoante os autores supracitados, a segunda razão está no fato de que a não regulação poderia implicar em prejuízos a direitos fundamentais. Seria necessário que os meios de comunicação garantissem a liberdade de expressão, representando toda a sociedade.

---

232. COLSON, J.; IDOUX, P. In: Ferreira, R.S.P. (Org.) *A (In) adequação dos mecanismos regulatórios setoriais aos institutos jurídicos de índole constitucional do mercado e da universalização de serviços públicos*. Brasília: Universidade de Brasília, 2009,. p. 33.
233. CHEVALLIER, J. In: Ferreira, R.S.P. (Org.) *A (In) adequação dos mecanismos regulatórios setoriais aos institutos jurídicos de índole constitucional do mercado e da universalização de serviços públicos*. Brasília: Universidade de Brasília, 2009, p. 42.
234. AGUILLAR, F. H. *Controle social de serviços públicos*. São Paulo: Max Limonad, 1999.

Outra razão seria que a atuação livre dos meios poderia "impactar a defesa nacional, na medida em que expõe o país a um ideário nem sempre amigável do ponto de vista da diplomacia"[235]. Aqueles autores explicam que meios que já proporcionavam emissões em longas distâncias, como rádios em ondas curtas, foram utilizados como suporte à propaganda e contrapropaganda, aduzindo que as emissões em ondas curtas guardam interessante similaridade com meios como a internet pelo fato de ignorarem fronteiras físicas e cruzarem nações, sendo veículos que difundem ideias originadas em outros estados. "No caso das ondas curtas, isso não significou um abandono da regulação por parte do Estado, mas o estudo de alternativas à regulação tradicional; no caso da internet, tampouco devem ser abandonados os mecanismos regulatórios, ora submetidos a um novo enfoque"[236].

A quarta razão que justificaria a regulação do setor é a escassez de recursos. Os autores exemplificam com o fato de o espectro eletromagnético ser limitado:

> [...] logo nem todas as emissoras podem instalar-se livremente sob pena de haver interferência na programação e consequente prejuízo para a comunicação de massa.(...) No caso da imprensa, a defesa de uma regulação técnica similar à da radiodifusão é pouco frequente, principalmente porque inexistem elementos que possam ser definidos consensualmente como "escassos".[237]

No caso da radiodifusão, a regulação técnica se justificaria com relativa tranquilidade sob o argumento de que o espectro eletromagnético comporta um número limitado de transmissores em razão da largura de banda no padrão técnico adotado pelo Estado. Todavia, quando se fala de internet, esse argumento é mitigado: mesmo quando se imagina uma limitação quantitativa de nomes de domínio ou de endereços IP, aparece uma solução técnica implementável para que a quantidade possível aumente substancialmente. Um exemplo na telefonia é o acréscimo de um número no telefone que possibilita uma quantidade maior de assinantes. Essa técnica vem sendo utilizada na telefonia celular em diversos estados do Brasil, multiplicando a disponibilidade de linhas telefônicas[238]. Mesmo uma transmissão analógica de radiodifusão utiliza largura de banda consideravelmente maior do que transmissões em padrões de transmissão digital contemporâneos. Ou seja, a partir de inovação tecnológica, é possível uma quantidade maior de transmissões que no passado utilizando-se como referência uma mesma faixa de frequência.

---

235. ARANHA, M.I.; WIMMER, M.; PIERANTI, O.P. *Direito regulatório*. Brasília: Universidade de Brasília, 2009.
236. Ibidem.
237. Ibidem.
238. ANATEL. *Nono Dígito*. Brasília, 2012. Disponível em: <http://www.anatel.gov.br/Portal/exibirPortalNivelDois.do?codItemCanal=1746&nomeVisao=Cidad%E3o&nomeCanal=Nono%20D%EDgito&nomeItemCanal=Nono%20D%EDgito>. Acesso em: 19 fev. 2014.

O século XX pode ser considerado o período em que se consolidaram conquistas atinentes a garantias constitucionais de direitos fundamentais. É entendido como o "[...] século de apresentação do Estado como um componente essencial na definição do conteúdo dos direitos fundamentais mediante enraizamento do conceito de serviço público e da ampliação concreta do rol de direitos dos cidadãos"[239]. Desde então, os direitos fundamentais devem ser assegurados pelo Estado regulador, a partir do "[...] exercício do poder de polícia, atividades de fomento e prestações positivas tradicionais de índole concreta e normativa"[240].

Quando falamos de regulação em ambiente globalizado, há que considerar a necessidade de ordenamento jurídico adaptado, consoante as relações internacionais, sendo desejável a celebração de acordos globais, o que facilitaria a interação entre os Estados[241] e reforçaria o poder de controle. Um acordo global diminuiria o risco de beligerância entre atores internacionais e, de forma concomitante, potencializaria o regramento por normas internas.

Atualmente, a comunidade internacional tem atuado cada vez mais de forma colaborativa. Para que se tenha uma ideia das possibilidades de acordo e cooperação internacional, a Interpol está presente em 192 países do mundo[242]. Dependendo do bem jurídico a ser tutelado pela regulação internacional, a possibilidade de que as regras sejam cumpridas por Estados e cidadãos aumenta significativamente. Para bens jurídicos tão caros à sociedade a ponto de serem tutelados pela Lei Penal, a possibilidade de acordo tende a aumentar. Uma vez que determinada matéria é do interesse de vários países, são maiores as possibilidades de se ter uma regulação mais efetiva.

Tratando especificamente da regulação do pugilato cibernético, percebe-se a necessidade de o Estado, de um lado, prover a própria segurança, por meio de agentes públicos; e, de outro, tutelar direitos fundamentais constitucionalmente assegurados. A relação existe à medida em que a proteção do Estado será tão mais efetiva quanto maiores forem as informações disponíveis acerca das ameaças. Em tese, os bancos de dados podem ser usados contra a privacidade dos atores envolvidos, haja vista que agressões em potencial precisam ser conhecidas para serem melhor combatidas. Em regra, o operador de defesa cibernética precisa de norma autorizativa de sua conduta, o que tem sido um problema para atividades dessa espécie no Brasil. A interpretação sistêmica das fontes do Direito a respeito do tema pode se mostrar polêmica no contexto brasileiro.

---

239. WIMMER, M.; PIERANTI, O.P. e ARANHA, M.I. (2009) O *paradoxo da internet regulada*: a desregulação dos serviços de valor adicionado no Brasil, Revista de Economía Política de las Tecnologías de la Información y Comunicación.Vol. XI, n. 3, Sep.- Dic./2009, p. 3.
240. Ibidem.
241. SUNDFELD, C. A.; Vieira, O. V. *Direito global*. São Paulo: Max Limonad, 1999, p. 157-168.
242. INTERPOL. A *Global Presence*. Disponível em: < https://bit.ly/1HI90zI >. Acesso em: 19 dez. 2017.

O ex-líder do programa de segurança digital dos EUA, Howard Schmidt, especialista em segurança na internet e ex-coordenador de cibersegurança do governo Barack Obama, afirmou que "[...] faz parte da responsabilidade de toda nação proteger os seus cidadãos contra a coleta de dados por sistemas de inteligência"[243]. Schmidt sugeriu atenção às normas internacionais, estabelecendo os limites do aceitável. Ele, também, demonstrou preocupação com a militarização da internet, uma vez que 27 países já haviam criado organizações militares especializadas em explorar vulnerabilidades das redes de computadores e elaborado formas de destruir a infraestrutura de oponentes em potencial. Esse panorama aponta para a necessidade de implementarem-se normas para o ciberespaço. Schmidt recomendou o modelo multissetorial de regulação, adotado por órgãos como a ICANN. Advertiu, ainda, que os usuários comuns não imaginam os riscos que a internet pode oferecer[244].

Sérgio Pagliusi, por sua vez, afirmou que, em uma escala de 0 a 10, o Brasil estaria com nota entre 3 e 4 no quesito segurança da informação. Segundo ele, "[...] estamos começando a acordar para o problema. Nessa história de espionagem corporativa, temos muita lição a fazer. Falta consciência institucional e um longo aprendizado. A sociedade como um todo caiu em si e viu que é uma coisa que nos afeta"[245]. A ameaça é tão real que a espionagem já cancela projetos de computação em nuvem[246]. Acerca da possibilidade de tecnologia brasileira eficaz para a necessária segurança, Rafael Moreira, conselheiro do Comitê Gestor da Internet (CGI), afirma que "[...] há uma massa de conhecimento dentro das universidades e em empresas inovadoras que podem contribuir propondo medidas para que possamos mudar isso [falta de segurança] no longo prazo"[247]. Segundo ele, o Brasil tem potencial para atuar no pugilato cibernético, carecendo de aprimorar e integrar seus recursos.

3.1.1. *A defesa cibernética no Ministério da Defesa brasileiro*

No Brasil, a defesa cibernética – tratada como atividade estatal – é relativamente recente. Porém, antes de entrar nos pormenores das tarefas que integram o pugilato cibernético, é oportuno diferenciá-lo do que se conhece por guerra eletrônica. Esta última é "[...] o conjunto de atividades que visam [a] desenvolver e assegurar a capacidade de emprego eficiente das emissões eletromagnéticas próprias, ao mesmo tempo em que

---

243. AGUILHAR, L. *A espionagem ultrapassou limites*. São Paulo, Disponível em: < https://bit.ly/2DdmnyO >. Acesso em 18 nov. 2013.
244. AGUILHAR, L. *A espionagem ultrapassou limites*. São Paulo, Disponível em: < https://bit.ly/2DdmnyO >. Acesso em 18 nov. 2013
245. GROSSMANN, L.O. *Espionagem dos EUA já cancela projetos de computação em nuvem*. Disponível em: < https://bit.ly/2ODpEIY >. Acesso em: 18 nov. 2013.
246. Ibidem.
247. AGÊNCIA BRASIL. *Especialistas ouvidos por CPI alertam para baixa segurança da informação*. Brasília, 2013. Disponível em: < https://bit.ly/2OFu8yI >. Acesso em: 18 nov. 2013.

buscam impedir, dificultar ou tirar proveito das emissões inimigas"[248]. A partir dessa definição, conclui-se que a guerra eletrônica tem como objeto de trabalho a propagação de ondas eletromagnéticas.

Há poucos anos, foi noticiado que, a partir de um equipamento francês móvel de escuta específico para telefonia celular e de escutas ambientais, foram realizadas interceptações de comunicações de ministros do Supremo Tribunal Federal (STF) brasileiro[249]. De acordo com o conceito supramencionado, casos como esse demonstram possibilidades de atuação da guerra eletrônica, já que se coletaram dados a partir da monitoração do espectro eletromagnético. Sabe-se, porém, que o acesso à internet pode se dar de diversas formas: por meio de circuitos físicos (cabos), conexões por satélite, redes sem fio, conexões celulares etc. Dentre as citadas, com exceção dos circuitos físicos, todas utilizam o espectro eletromagnético como canal para acesso à rede. Dessa forma, fica nítida a interseção entre a guerra eletrônica e o pugilato cibernético, já que os equipamentos de guerra eletrônica, há décadas, são usados para interceptação de transmissões feitas por radiofrequência.

Como já descrito, o pugilato cibernético relaciona-se com o uso de computadores em rede. A esse tema estaria ligado, por exemplo, o fato afirmado pela empresa estadunidense de segurança eletrônica FireEye de que a China teria *hackeado* computadores de representantes europeus que iriam participar da reunião de setembro de 2013 do G20, o que foi negado e condenado pelo governo chinês[250].

A END determina que, no setor cibernético, deve ser constituída uma organização encarregada de desenvolver a capacitação cibernética nos campos industrial e militar. Espera-se que a preparação para a guerra cibernética auxilie no aperfeiçoamento dos dispositivos e dos procedimentos de segurança, a fim de reduzir a vulnerabilidade dos sistemas relacionados à defesa nacional contra eventuais ataques cibernéticos.

A Portaria nº 3.028/12, do Ministério da Defesa (MD), atribuiu ao Exército Brasileiro a responsabilidade pela coordenação e integração das atividades de defesa cibernética no âmbito das Forças Armadas do Brasil. Assim sendo, o maior centro de doutrina do MD acerca do tema está no Exército. Hoje, a organização encarregada de desenvolver a capacitação cibernética é o Comando de Defesa Cibernética (ComDCiber). Integrado por oficiais-generais do Exército, da Marinha e da Aeronáutica, esse comando tem recebido investimentos do Governo Federal para que possa fazer frente a possíveis ataques cibernéticos.

---

248. BRASIL. Ministério da Defesa. C 34-1: O Emprego da Guerra Eletrônica. Brasília: EGGCF, 2008.
249. BONIN, R. O Livro Bomba. *Revista Veja*. Ed. 2351. São Paulo: Editora Abril, 2013, p.74-80.
250. FOLHA DE S. PAULO. *China é acusada de hackear reunião do G20*. Disponível em: <http://www1.folha.uol.com.br/fsp/mundo/143297-china-e-acusada-de-hackear-reuniao-do-g20.shtml>. Acesso em: 12 dez.13.

Para o ComDCiber, a guerra cibernética em sentido estrito diz respeito a um nível de decisão operacional ou tático; em nível estratégico, denomina-se Defesa Cibernética; no nível de decisão político, fala-se de Segurança Cibernética. Essa é a terminologia adotada pelo MD. Dada a centralidade do conceito jurídico de privacidade, optou-se por adotar a expressão pugilato cibernético qualquer que seja o nível de decisão. Conceitos de segurança cibernética, inteligência cibernética e pesquisa cibernética, também, estão relacionados ao tema.

O MD, em 2012, editou a Política Cibernética de Defesa (MD31-P-02), a partir da Portaria Normativa nº 3.389/MD. Fruto das diretrizes traçadas, foram implementados produtos como o antivírus nacional e o Simulador de Operações Cibernéticas, *software* que utiliza a doutrina brasileira para treinar os "guerreiros cibernéticos". A capacitação de recursos humanos do Exército em guerra cibernética é feita no Centro de Instrução de Guerra Eletrônica (CIGE), instituição de ensino superior que capacita, também, especialistas em guerra eletrônica.

O CIGE é uma organização militar diretamente subordinada ao Comando de Comunicações e Guerra Eletrônica do Exército (CComGEx), o Forte Rondon. Por isso, compete ao comandante de comunicações e guerra eletrônica do Exército nortear não só as atividades de ensino de guerra cibernética, mas, também, as de guerra eletrônica e de comunicações, em sua vertente bélica (trânsito de informações de interesse militar). A estrutura apresentada oferece sinergia para a defesa nacional, pois facilita a atuação conjunta de áreas afins, como a guerra eletrônica e a cibernética.

O Centro de Defesa Cibernética (CDCiber), órgão operativo do ComDCiber, participou de grandes eventos realizados no Brasil, como a Copa das Confederações, a Copa do Mundo de 2014 e os Jogos Olímpicos de 2016, possuindo uma central de monitoração cibernética.

A doutrina de guerra cibernética ainda é incipiente se comparada à doutrina de guerra eletrônica. Logo, como possuem pontos em comum, vale uma análise de alguns conceitos de guerra eletrônica para que se comece a entender analogamente a guerra cibernética.

A guerra eletrônica está presente nas Forças Armadas brasileiras desde os anos 1980 e já possui doutrina consolidada em diversos países. Está sendo desenvolvido no Brasil um novo modelo de sensor eletromagnético, fruto de parceria que reúne tecnologias alemã e brasileira, como resultado de um acordo de compensação tecnológica (*offset*)[251] celebrado pelo Exército Brasileiro. Trata-se de conhecimento industrial bastante restrito

---

251. Para mais informações acerca desse tema, ver: VIEIRA, André Luís; ÁLVARES, João Gabriel. *Acordos de compensação tecnológica (offset): teoria e prática na experiência brasileira*. Rio de Janeiro: Lumen Juris, 2017.

e importante para potencializar os esforços de segurança e modernizar a base industrial de defesa.

A doutrina de guerra eletrônica, no contexto internacional, tem como sua principal atividade a inteligência do sinal, que se enquadra no nível estratégico: são ações de preparação para conflitos mediante a coleta constante de informações em tempo de paz. A atividade de inteligência do sinal busca apoiar o combate pelo conhecimento dos potenciais oponentes e das vulnerabilidades próprias. No nível tático, busca-se obter dados a partir da aquisição de sinais eletromagnéticos no campo de batalha. A finalidade de interceptar, identificar emissões determinadas e localizar o emissor de radiofrequência é o reconhecimento imediato da ameaça[252].

Existem outros ramos de atividades de guerra eletrônica não menos importantes, porém praticados somente em casos específicos. São executados normalmente no nível tático, ou, numa linguagem mais simples, em efetivo combate. O ramo das medidas de ataque eletrônico visa impedir ou reduzir o emprego eficiente do espectro eletromagnético pelo oponente: o que for possível e mais oportuno. Por sua vez, as medidas de proteção eletrônica visam assegurar a utilização eficiente do espectro eletromagnético, a despeito das tentativas do oponente em dificultar ou impedir as nossas transmissões[253].

Analogamente, pode-se estimar a importância de saber o que se passa consigo e com o potencial oponente para que realmente se perceba a utilidade do pugilato cibernético. Além disso, deve-se utilizar toda a informação obtida com o propósito de impedir ou dificultar o uso regular de uma rede de computadores pelos atacantes quando necessário, e, ao mesmo tempo, assegurar que a própria rede de computadores funcione adequadamente.

Ainda que a doutrina militar brasileira não privilegie o ataque – mas a reação a eventual ataque –, é inquestionável que o preparo para operações de ataque ou de defesa é necessário. Com isso, pode-se concluir que uma boa preparação no campo do pugilato cibernético deve buscar conhecimento das próprias vulnerabilidades e melhorar a segurança no uso das redes de computadores próprias, promovendo capacidade para interceptação e ataque. Partindo dessas premissas, o Brasil tem privilegiado técnicas de autodefesa e a defesa ativa, conforme declaração do ex-chefe do CDCiber, general José Carlos[254].

---

252. BRASIL. Ministério da Defesa. C 34-1: O Emprego da Guerra Eletrônica. Brasília: EGGCF, 2008.
253. Ibidem.
254. MOTTA, S. CDCIBER: na guerra cibernética, Brasil adota estratégia do contra-ataque. Disponível em: < https://bit.ly/2MNqVeQ. Acesso em: 16 fev.14.

No entendimento de Davi Ottenheimer, é desejável que, em caso de ataques cibernéticos, sejam realizados contra-ataques visando à prevenção de novas agressões, de forma comissiva, reforçando o conceito de defesa ativa[255].

A busca de dados pode acontecer não só em redes informáticas, mas por todos os meios disponíveis. Dados como os disponibilizados pelo delator do suposto sistema governamental estadunidense de espionagem, Edward Snowden[256], devem consistir em mais um subsídio na análise de dados voltada para a defesa cibernética. Sem considerar aspectos políticos, a oitiva de pessoas com acesso a informações de espionagem estatal dispostas a falar a respeito do assunto é sempre um complemento desejável para confirmar ou não dados coletados eletronicamente, mas tais declarações devem ser sempre analisadas com cautela.

A estrutura de guerra cibernética ainda é incipiente[257], mas está se desenvolvendo em razão do aporte de recursos que possibilita a formação de uma doutrina própria, que leva em conta as peculiaridades do Brasil. Muito se tem avançado no Ministério da Defesa quando o assunto é cibernética, a exemplo dos esforços para criação da Escola Nacional de Defesa Cibernética[258]. No entanto, é possível, ainda, fomentar novas parcerias tanto com governos de nações amigas, quanto com entes da iniciativa privada nacional. Tais parcerias podem trazer ganho não só para os envolvidos diretamente, como, também, potencializar de forma sinérgica o desenvolvimento de tecnologias relacionadas. A partir do aperfeiçoamento da doutrina, é desejável apresentá-la à sociedade para que, ratificando seu uso, sejam feitas as adequações legislativas necessárias, se for o caso. Também no desenvolvimento das atividades do setor cibernético, há espaço para o modelo da tríplice hélice de desenvolvimento tecnológico: a interação entre governo, universidades e indústrias pode aumentar as chances de sucesso no desenvolvimento de tecnologias de interesse, com tarefas específicas e maximização de benefícios.

Outra externalidade positiva da criação de uma escola de cibernética nos moldes que se planejou é o fato de ela estar diretamente ligada a quem vai realizar operações cibernéticas em favor da sociedade. Pode-se, ainda, ampliar o uso da tecnologia para, como argumento, utilizar o pugilato cibernético em prol de todas as estruturas que contribuem com a comunidade: defender aqueles que geram emprego e renda na sociedade brasileira.

---

255. CONGRESSO INTERNACIONAL SOFTWARE LIVRE E GOVERNO ELETRÔNICO (V Congresso). *A favor de uma defesa ativa contra-ataques cibernéticos*: Belém do Pará. Disponível em: < https://bit.ly/2DdYWpb >. Acesso em: 16 fev. 2014.
256. REDAÇÃO G1. *Entenda o caso de Edward Snowden, que revelou espionagem dos EUA*. Disponível em: < https://glo.bo/1TWiLiF >. Acesso em: 16 fev. 2014.
257. SENADO FEDERAL. *Inimigos invisíveis*: a guerra cibernética. Disponível em: < https://bit.ly/2MM0Vp4 >. Acesso em: 6 fev. 2016.
258. MATSURA, Sérgio. *Brasil terá Escola Nacional de Defesa Cibernética*. Disponível em: < https://glo.bo/2PXocld >. Acesso em: 6 fev. 2016.

3.1.2. O pugilato cibernético e o Direito Digital

O Direito busca tutelar bens jurídicos com a finalidade de tornar possível o bom convívio social. A sociedade da era da informação adveio de um longo processo que pode ter seu início vinculado à própria Revolução Industrial[259]. Segundo Pinheiro, o Direito Digital consiste na evolução do próprio Direito, abrangendo princípios e institutos vigentes e introduzindo novos conceitos e elementos para o pensamento jurídico[260]. A velocidade das transformações tecnológicas tem sido uma barreira à legislação quando se trata de Direito Digital[261].

Da Revolução Industrial até os dias de hoje, a sociedade passou a atribuir, cada vez mais, valor aos bens imateriais, que, de tão valorosos, têm sido tutelados até mesmo pelo Direito Penal em diversos países, dentre eles o Brasil. Cada vez mais se protegem bens imateriais, tais como a imagem, a integridade, a dignidade, a privacidade etc. A valorização desses bens pode ser inferida de disposições constitucionais e penais no Brasil, acompanhando uma tendência global. Parcela desses bens intangíveis possui vínculo com redes de computadores, especialmente com a internet[262].

À medida que sistemas críticos – como os de geração e distribuição de energia, controle de tráfego aéreo etc. – passam a depender das informações que trafegam em redes de computadores, surge uma nova arma de combate: a manipulação de dados. O pugilato cibernético vem ganhando importância em razão da gama de ameaças que podem ser combatidas por meio da rede.

Iniciativas legislativas, a exemplo do Marco Civil da Internet, influenciam a regulação do pugilato cibernético no Brasil. Essa lei valoriza a privacidade, a neutralidade da rede e define como imputar condutas indesejáveis a indivíduos. São temas que devem ser valorizados quando da apreciação dos limites de atuação do pugilato cibernético praticado pelos agentes públicos, enquanto instrumento do Estado. Porém, o Marco Civil possui aspectos muito polêmicos e grandes divergências a serem pacificadas com o tempo.

Quando se aborda o pugilato cibernético no âmbito governamental, deve-se ter em conta que essas são atividades planejadas e executadas pelo Poder Executivo. De acordo com North[263], o Judiciário teria um papel coercitivo numa relação entre outros dois agentes com interesses diversos: o Estado e o detentor de informação que deseja protegê-la.

---

259. CRESPO, M.X.F. *Crimes digitais*. São Paulo: Saraiva, 2011, p.32.
260. PINHEIRO, Patrícia Peck. *Direito Digital*. 2. ed. São Paulo: Saraiva, 2007, p. 29.
261. *Ibidem*, p. 31.
262. *Idem*, p. 32-37.
263. SASSINE. V. *Exército monitorou líderes de atos pelas redes sociais*. Disponível em: < https://glo.bo/2prGwHM >. Acesso em: 8 dez. 2013.

A partir do que propôs North acerca da condução do pugilato cibernético, o termo guerra cibernética evidencia – até mesmo pelo termo escolhido – que quem tem melhores condições de conduzir as operações cibernéticas são profissionais da guerra pois, ao menos em tese, podem tratar os dados adequadamente para que os objetivos da sociedade sejam alcançados.

Durante as manifestações populares ocorridas no Brasil em junho de 2013 contra atos de governo, vários protestos foram organizados utilizando redes sociais. Nessa ocasião, o Exército buscou dados na internet usando uma técnica semelhante à utilizada pela NSA. Isso se deu por meio de um *software* que filtra as informações disponibilizadas nas redes sociais. Dessa forma, o Exército poderia obter informações a respeito dos protestos, inclusive quem seriam os prováveis participantes. As informações foram repassadas para a Polícia Federal e para a Secretaria de Segurança Pública dos estados nos quais ocorreram tais manifestações[264].

Naquela ocasião, um grupo de cinquenta militares ficou responsável pela identificação de líderes dos protestos, locais possíveis de conflitos e organização de atos de vandalismo. Agentes e delegados da Polícia Federal atuaram em conjunto com o Exército. Segundo o general José Carlos, que estava na chefia do CDCiber, a atividade foi desempenhada dentro da legalidade, haja vista que o acompanhamento é necessário por envolver questões ligadas à segurança nacional, o que legitimaria e justificaria, segundo ele, essa ação. O *software* utilizado nessa operação é de fabricação nacional, desenvolvido pela Dígitro, sociedade empresária sediada em Florianópolis, a qual estava disposta a comercializar a solução para órgãos de segurança pública em geral.

O Exército cessou o monitoramento com o fim da Copa das Confederações. Segundo o general José Carlos, em nenhum momento o Exército filtrou dados que não fossem informações públicas, divulgadas nas redes sociais pelos ativistas. Segundo o general, consegue-se localizar as informações abertas que sejam de interesse das operações utilizando filtros de busca.

> *É uma técnica de filtragem que a própria espionagem deve utilizar racionalmente. Os americanos monitoram 2,3 bilhões de e-mails e telefonemas. Se não houver essa técnica, não é possível gerar inteligência a respeito disso. O próprio embaixador americano [no Brasil], Thomas Shannon, indica que essa é a técnica utilizada pela NSA. É um processo semelhante. A grande diferença é que nós nos baseamos só em informações de domínio público.*[265]

---

264. Ibidem.
265. SASSINE. V. *Exército monitorou líderes de atos pelas redes sociais*. Disponível em: < https://glo.bo/2prGwHM >. Acesso em: 8 dez. 2013.

Fadi Chehardé, representante do ICANN que reside nos Estados Unidos, apresentou à então presidente Dilma Rousseff a intenção de reunir, no Brasil, representantes de setores da sociedade com o escopo de redigir uma carta de princípios que o órgão pretende que seja a base para regulação do ambiente virtual. Além de garantir a liberdade de expressão na internet, a corporação pretende evitar o *great firewall*, uma espécie de censura governamental na internet. A respeito da recente espionagem realizada pela Agência Nacional de Segurança dos Estados Unidos contra outros países, ele opina que espiões são necessários, mas que se deve deixar claro o que os países podem e o que não podem fazer na internet. A entidade teme que a espionagem afete a confiança dos usuários comuns de guardar dados "na nuvem"[266].

Por outro lado, as Forças Armadas possuem a atribuição constitucional de defender a pátria, garantindo a lei e a ordem sempre que chamadas a fazê-lo (art. 142, CR/88). Sendo assim, é conveniente, sob pretexto de que às pessoas seja oferecida segurança na internet, derrubar "serviços, *sites* e redes ligadas ao crime virtual"[267] – como preconiza o Centro de Combate a Crimes Cibernéticos da Microsoft. Acontece que, para que esse objetivo seja alcançado, são necessárias investigações prévias, a partir da monitoração da rede mundial de computadores. É questionável até que ponto uma investigação como essa, anunciada por uma empresa privada na imprensa mundial, pode ferir a privacidade dos usuários da rede.

Em face da mitigação da soberania e da territorialidade devido às redes de computadores, mesmo havendo vedação legal em alguns Estados, há empreendimentos privados que realizam a monitoração de conteúdos na internet sob o pretexto de resguardar os usuários de ameaças potenciais e reais, como o caso da Microsoft citado.

Em uma análise sumária, as Forças Armadas brasileiras têm adotado a política de monitoração das informações públicas disponibilizadas nas redes de computadores, ao menos quando se fala de segurança em grandes eventos. Na hipótese de a sociedade necessitar de mais segurança, seria desejável uma lei que autorizasse, expressamente, a atuação mais livre dos órgãos públicos competentes, para que seus gestores possam desenvolver a atividade que lhes foi confiada de maneira mais consciente, maximizando a segurança e respeitando a privacidade nos limites estabelecidos. No cenário atual, em face da incipiência de julgados acerca do tema e da escassez de doutrinadores que o abordam, falta aos gestores e agentes públicos a segurança jurídica no desempenho da atividade. Isso decorre, também, da pouca regulação do setor, uma vez que a conduta dos agentes públicos se funda no princípio da legalidade estrita. Se a pouca regulação é uma

---
266. VILICIC, F. Por uma Web Sem Censura. *Revista Veja*. ed. 2351. São Paulo: abril, 2013, p. 114-115.
267. REDAÇÃO INFO. *Microsoft abre centro para combater crimes cibernéticos*. Disponível em: < https://abr.ai/2xr-NqkB >. Acesso em: 8 dez. 2013.

opção política de regular condutas, é questionável se essa seria a melhor decisão para a atividade em pauta.

Bill Clinton, ex-presidente dos Estados Unidos, afirmou que, em seu país, o governo pode monitorar ligações e *e-mails*, desde que em busca de padrões. O conteúdo é violado nas hipóteses em que se percebem conexões regulares com suspeitos de terrorismo. Ocorre que, mesmo nesses casos, o governo necessita de requerimento a um tribunal para acessar a comunicação. Apesar dessas medidas de precaução, ele admite que bons técnicos são capazes de quebrar qualquer segurança na rede, citando exemplos públicos de quem já realizou esse tipo de prática. Ele opina, ainda, que o governo norte-americano não deveria levantar informações econômicas de aliados sob pretexto de segurança[268]. A par dessa exceção, o ex-presidente afirma que, para a realidade americana, seria razoável levantar algumas informações não econômicas de aliados, informações – inclusive econômicas – de não aliados e informações consideradas sensíveis no combate ao terrorismo. De fato, poder levantar e armazenar informações facilita a atuação do Estado em contexto de pugilato cibernético.

3.2 O pugilato cibernético: entre a centralidade individual e a coesão social

Ataques cibernéticos podem deixar vulnerável a sociedade como um todo, haja vista que as redes informáticas permeiam muitas formas de relacionamento e de controle humanos. Todavia, a segurança na rede – entendida em seu aspecto coletivo – exige algum nível de comprometimento da privacidade individual, colocando, em lados opostos, a centralidade individual e a coesão social[269]. Quando a sociedade está unida, em um ponto avançado de sua evolução, ela atinge um patamar de coesão social: esse seria, no plano macro, o objetivo a alcançar. E, no plano micro, o objetivo seria a centralidade individual: quando o indivíduo não está na periferia de seu ser, mas no centro de si mesmo, alcançando a plenitude, na busca da felicidade.

Pode-se supor que uma comunidade é mais feliz quanto está mais próxima do patamar da coesão, em um estado de conquista, de realização coletiva. A centralidade está para o indivíduo, assim como a coesão está para a sociedade. A centralidade individual ocorre quando a autoestima do indivíduo está no ponto central de sua existência, em que ele reconhece seu potencial humano.

---

268. DÓRIA, P.; RODRIGUES L. *Segurança não justifica espionagem econômica*. Disponível em < https://glo.bo/2prGwHM >. Acesso em: 9 dez. 2013.
269. Conceitos trazidos pelo Jurista Carlos Ayres Britto como na matéria: *O centro e a periferia de nós mesmos*. Disponível em: < https://bit.ly/2QNvucr >. Acesso em: 09 de fevereiro de 2016

Dessa forma, percebe-se que o interesse individual e o bem-estar da sociedade são objetivos conciliáveis. Pode haver uma otimização do individual e do social. A solução do equilíbrio entre centralidade individual e coesão social passa por instituições que agregam valor a um e outro, tais como sociedades empresárias: permitem conhecimento e realização pessoal e coletiva. Em geral, comunidades que possuem empresas bem desenvolvidas costumam oferecer conhecimento e qualidade de vida aos indivíduos.

Já foi abordada a questão dos direitos individuais, assim como o pugilato cibernético sob o prisma do Estado representando a coletividade. A partir de agora, o foco está na possibilidade de proteção das empresas, entendidas como fontes de coesão social e viabilizadoras, de fato, da conquista representada pela centralidade individual.

3.2.1. A defesa das empresas frente ao pugilato cibernético

Sociedades empresárias bem estruturadas, normalmente, realizam investimentos visando à segurança de redes informáticas. Por sua vez, o Estado deve apoiar tais iniciativas a fim de maximizar os benefícios. A partir de garantias constitucionais das sociedades empresárias, há aspectos jurídicos que indicam razões para a implementação de políticas públicas que visem à defesa cibernética das empresas.

Theodoro Júnior afirmou que a jurisprudência melhor posicionada acolhe o entendimento de que o nome, o conceito social e a privacidade são bens cabidos e tutelados pela Constituição da República de 1988, tanto para pessoa física, quanto para pessoa jurídica. Logo, ambas podem reclamar ressarcimento por prejuízos causados tanto ao nome comercial, conceito na praça, sigilo nos negócios[270]. Ressalto que a privacidade da pessoa jurídica também é protegida.

A titularidade de direitos fundamentais por sociedades empresárias é fundamento para qualquer regime constitucional, pois estão vinculados à ideia de Estado Democrático de Direito[271]. Preliminarmente, pode-se dizer que a CR/88 não faz distinção quanto à titularidade de direitos fundamentais, e discorre, no *caput* do art. 5°, a respeito do princípio da igualdade de todos perante a lei, sem qualquer distinção. Em poucos casos, a CR/88 faz menção expressa à titularidade de direitos fundamentais por pessoa jurídica, como no caso do art. 5°, XXI – caso das associações para representar seus filiados – ou no art. 8°, III – hipótese de sindicatos defendendo interesses de categorias[272]. Muitos dos direitos elencados na Constituição são extensíveis às pessoas jurídicas, pois, em diversas hipóteses, a proteção última do indivíduo perpassa a proteção oferecida pela norma constitucional

---

270. THEODORO JÚNIOR, Humberto. *Dano moral*. 1 ed., São Paulo: Oliveira Mendes, 1988.
271. TAVARES, André Ramos. *Direito Constitucional da Empresa*. Rio de Janeiro: Forense, 2013, p. 14-18.
272. *Ibidem*, p. 23-26.

às pessoas jurídicas[273]. As pessoas jurídicas com a referida proteção podem ser tanto as brasileiras, quanto as estrangeiras que atuem no Brasil[274].

Outros direitos assegurados pela Constituição, que também são vitais para uma empresa, dizem respeito à segurança jurídica, tais como a previsibilidade e o direito à não surpresa[275].

O STF já se manifestou no sentido de que alguns direitos fundamentais dos contribuintes elencados no art. 15, da CR/88, são aplicáveis às pessoas jurídicas em questões tributárias, admitindo, ainda que, minimamente, a titularidade de direitos fundamentais por pessoas jurídicas[276]. O Recurso Extraordinário nº 63.694/RS ratifica a possibilidade de reconhecer direitos fundamentais de sociedades empresárias.

Quanto à lesão de direitos da pessoa jurídica, existe uma controvérsia acerca da indenização por dano moral. Durante período considerável, os tribunais brasileiros entenderam que a lesão moral seria fenômeno atinente, exclusivamente, à pessoa natural. Passado algum tempo, já se admite, na doutrina e na jurisprudência, tal possibilidade[277].

Cardoso[278] opina no sentido de que a prevenção é o melhor meio para que o ilícito seja evitado, discorrendo que os problemas sociais são resolvidos não por normas, mas por meio de instrumentos de prevenção. Segundo o autor, essa prevenção reclama uma intervenção dinâmica e positiva que neutralize suas raízes ou causas.

Algumas leis ordinárias oferecem suporte para que o Estado assegure para as sociedades empresárias valores como a proteção da livre concorrência, que se opõe aos abusos de poder econômico, político e outros. De forma geral, as normas têm alcançado eficácia social de forma cada vez mais intensa, oferecendo melhor suporte para que um empreendimento cumpra sua função social, conforme mandamento constitucional previsto no art. 5º, XXIII, e art. 170, III.

Conforme já abordado, o art. 5º, X, da CR/88, afirma que "são invioláveis a intimidade, a vida privada, a honra e a imagem das pessoas, assegurado o direito à indenização pelo dano material ou moral decorrente de sua violação". André Ramos Tavares sustenta que a titularidade dos direitos retratados no presente inciso não é restrita a pessoas físicas,

---
273. BASTOS, Celso Ribeiro Bastos. *Curso de direito constitucional*. 21 ed. São Paulo: Saraiva, 2000, p. 282.
274. CAMPINHO, Sérgio. *O direito de empresa*: à luz do novo Código Civil. 13 ed. Rio de Janeiro: Renovar, 2014.
275. TAVARES, André Ramos. *Direito Constitucional da Empresa*. Rio de Janeiro: Forense, 2013, p. 13-14.
276. Ibidem, p. 26-27.
277. SANTINI, José Raffaelli. *Dano Moral*. Campinas: Millennium, 2002, p. 21-26.
278. CARDOSO, Atinoel Luiz. *Das pessoas jurídicas e seus aspectos legais*: Sucessão Comercial, Fundações e Associações, Direito Público e Direito Privado, Capacidade e Vontade Jurídica, Sociedade Anônima e *Holding*, Instituições e Vontade Social, Extinção da Pessoa Jurídica. São Paulo: AEA Edições Jurídicas, 1999, p. 84-88.

mas compreende, também, pessoas jurídicas; e cita que a conclusão a que chegou encontra guarida no entendimento do STF, citando como argumento a Reclamação nº 2.040-1/DF, cujo relator foi o Ministro Néri da Silveira.

O referido autor cita, ainda, o direito à imagem de pessoas jurídicas, que se torna mais vulnerável na internet[279]. A imagem, certamente, deve ser protegida, mas há outros valores que podem ameaçar, de forma mais significativa, a atividade empresária que depende de redes informáticas de maneira direta ou indireta.

A propriedade constitui outro direito essencial à atividade empresarial. O direito de propriedade não é absoluto, haja vista que a propriedade da sociedade empresária, como qualquer outra propriedade no Brasil, deve cumprir sua função social. Se, no século XIX, a propriedade tinha característica, essencialmente, individualista, hoje deve harmonizar o caráter de direito individual e a função social. Por um lado, há um direito subjetivo de exploração de determinado bem – consoante o inciso XXII do art. 5º da CR/88 –, por outro, o inciso XXIII desse mesmo artigo nos induz a concluir que a propriedade de uma sociedade empresária tem, também, a finalidade de assegurar para a comunidade uma existência com dignidade e justiça social, conforme art. 170, *caput*, da CR/88[280].

Pela dualidade apresentada, há o interesse individual e o interesse público de que a propriedade seja preservada dentro de circunstâncias que assegurem dignidade e justiça social para todos. Tal fato sugere que a preservação da propriedade – para que ela cumpra sua função social –, também, é de interesse coletivo, já que, de certa forma, a comunidade pode ser beneficiada pelo direito de propriedade de uma empresa.

A preservação da propriedade, também, passa pela segurança cibernética, que deve ser provida pelo Estado, somada às iniciativas individuais. É evidente que o particular pode e deve investir em segurança cibernética a fim de que seus interesses individuais sejam preservados. No entanto, a defesa cibernética é uma ocupação que o Estado deve tomar para si a fim de preservar os interesses sociais que ele representa. Modernamente, não se pode imaginar uma proteção adequada sem adentrar no espectro da segurança cibernética.

3.2.2. O Direito Digital e a busca pela coesão social

A obtenção de tecnologias que geram desenvolvimento socioeconômico, também, é de interesse da sociedade, que pode contribuir com as empresas a partir de políticas públicas. Uma das grandes vulnerabilidades das empresas é o risco de vazamento de dados estratégicos por redes informáticas.

---

279. TAVARES, André Ramos. *Direito Constitucional da Empresa*. Rio de Janeiro: Forense, 2013, p. 80-87.
280. *Ibidem*, p. 62-70.

Pode-se, inicialmente, pensar que os riscos no ciberespaço de sociedades empresárias estariam restritos a ameaças contra empresas virtuais, ou provedores de acesso, de serviços e de conteúdos, comércio eletrônico, propriedade intelectual e direito autoral em novas mídias, finanças virtuais etc. Acontece que as ameaças são muito mais expressivas e atingem tanto empresas, quanto a comunidade em geral.

As empresas podem ser uma das formas de ampliação da coesão social, pois compartilham, sinergicamente, objetivos relevantes para o bem comum da sociedade em que está inserida, como regra. São encontradas em diversas áreas do Direito os reflexos da coesão social que uma empresa pode proporcionar.

O Direito Digital tem raízes nos princípios fundamentais retratados na Constituição da República de 1988 e está presente em vários ramos do Direito, tais como no Empresarial, Civil, Autoral, Contratual, Econômico, Financeiro, Internacional, dentre outros. O Direito Digital é subsidiado por princípios tradicionais. Mesmo leis antigas podem, em grande parte, se aplicar a hipóteses envolvendo novas tecnologias. Apesar disso, é desejável uma análise mais aprofundada da norma por parte de quem as interpreta e aplica.

Novas tecnologias agregam ao mundo jurídico peculiaridades e desafios. Tal fato advém de novos comportamentos massificados em razão das novas formas de interagir em sociedade. Trata-se de novos procedimentos que devem ser regulados pelo Direito, tendo em mente que a norma possui limitação temporal e no espaço (territorialidade). A velocidade das transformações é um desafio à normatização de determinadas condutas[281].

O Direito Digital atende a uma sociedade marcada pela mudança de comportamentos em razão de novas tecnologias. A transformação comportamental é evidente nos negócios e nas relações entre indivíduos. Patrícia Peck Pinheiro cita a adoção, cada vez mais frequente, de um "Regime de Coopetição" (cooperação adicionado à competição), caracterizado pela necessidade cada vez maior das empresas de buscar a sobrevivência em um ambiente competitivo, globalizado e, principalmente, conectado. Na análise da autora, "empresas isoladas tendem a naufragar"[282]. Assim sendo, aumenta a importância da defesa cibernética: essa segurança deve ser provida não somente para o bem da empresa, mas, também, para o bem da comunidade e do Estado. Num mundo em que os bens intangíveis são valiosos para toda a sociedade e muitos deles circulam na rede, a segurança passa a ser requisito para a sobrevivência das empresas.

---

281. PINHEIRO, Patrícia Peck. *Direito Digital*. 2. ed. São Paulo: Saraiva, 2007, p. 29-35
282. *Ibidem*, p. 55-56

3.2.3. *O Estado Regulador e sua contribuição para a coesão social*

Os atores envolvidos na segurança cibernética – Estado, academia, sociedades empresárias que dominam informações relevantes acerca de tecnologias, mercados etc. – devem perceber que, agindo de forma sinérgica, tendem a potencializar os resultados obtidos numa relação de "ganha-ganha": preservam-se empregos, tecnologias, conhecimento, dados de gestão de projetos complexos e evita-se concorrência desleal, por vezes predatória etc.

Quando um agente econômico detém poder desproporcional com relação aos seus concorrentes, o mercado tende a se concentrar e a gerar desequilíbrio entre concorrentes. Por vezes, o fenômeno da concentração econômica é lícito e desejável, quando, por exemplo, se deseja fortalecer sociedades empresárias por meio de fusão, participação, aquisição[283]. Algumas das hipóteses apresentadas podem ser até fomentadas por um Estado que deseja fortalecer sua indústria, mas a espionagem cibernética, definitivamente, não é um meio de se fazer justiça social.

O poder econômico pode ser entendido como a detenção dos meios de produção, podendo estar concentrado até mesmo em uma única pessoa[284]. A posse ou a propriedade desses meios por uma sociedade empresária são permitidas e têm previsão constitucional. O uso legítimo do poder econômico não tem restrição e é essencial para o desenvolvimento social[285]: gera empregos de qualidade, renda e, eventualmente, nacionaliza ou desenvolve tecnologias e produtos.

Assim como na regulação da internet, a tecnologia é protagonista na defesa cibernética. Outra peculiaridade: como as ameaças nesse âmbito não são do conhecimento de grande parte da sociedade, aumenta a responsabilidade de quem influencia decisões nessa área. A ignorância pode facilitar a manipulação nas políticas públicas, o que é danoso para a comunidade.

Outro aspecto a ser considerado é a regulação nos outros países, pois exercem forte influência no que, de fato, acontece na internet. Como se sabe, o tema merece uma regulação específica, mas regular a guerra é um processo lento e difícil. Não se espera que com a guerra cibernética seja muito diferente. Agências reguladoras de meios de comunicações – como a Anatel no Brasil – e mesmo a legislação não consideram o caráter belicoso e permanente do pugilato cibernético.

---

283. TAVARES, André Ramos. *Direito Constitucional da Empresa*. Rio de Janeiro: Forense, 2013, p. 48-51.
284. MAGALHÃES, Guilherme A. Canedo de. *O Abuso do Poder Econômico*: apuração e repressão. Rio de Janeiro: Artenova, 1975, p. 16.
285. TAVARES, André Ramos. *Direito Constitucional Econômico*. 3. ed. São Paulo: Método, 2006,vol.. 1, p. 261-262.

Por mais que o Marco Civil da Internet privilegie a privacidade, tal direito poderá dar lugar a outros não menos importantes diante de ameaça grave. Conforme preceituado no art. 5º da CR/88, a segurança jurídica é um direito relevante quando se trata de atividade empresarial. E essa garantia tem reflexos no pugilato cibernético. A previsibilidade é um dos indícios de segurança jurídica[286].

A manutenção do Direito em ambiente virtual não depende apenas de normas que amparem relações sociais na internet. A desejável supremacia técnica ou a possível superioridade não podem ser obtidas sem investimento sistêmico e esforço social materializado em políticas públicas, mediante regulação adequada. Os profissionais que atuam em serviços de defesa cibernética desejam saber o risco inerente ao exercício de sua profissão para que possam cumprir suas atribuições de forma segura e na medida que a sociedade deseja, partindo do pressuposto de que a sociedade deve decidir o que é melhor para si.

Ademais, o Estado Administrativo, segundo entendimento de Marcio Iório Aranha, possui a virtude de tornar convergentes as noções de profissionalismo e expertise tradicionalmente aplicadas aos negócios privados, para que sejam aplicadas no contexto da atividade de governar com a conotação de permanência, treinamento, especialização de funções[287]. Trata-se de uma forma de reconhecimento de que as empresas têm muito o que ensinar ao Estado para que este sirva à sociedade de forma mais eficaz. Aquele autor afirma, ainda, que, num contexto de direitos fundamentais objetivados e de Estado Regulador, o adensamento do conteúdo dos direitos fundamentais pode ser auxiliado de forma relevante pela regulação[288]. A partir desse entendimento, pode-se concluir que o Estado que se beneficia dos préstimos de sociedades empresárias pode, ainda, oferecer um melhor serviço para pessoas físicas e jurídicas por meio de adequada regulação.

O controle, essencialmente político, das atividades de defesa cibernética poderia deixar a sociedade refém de um governo mal-intencionado, que desejasse utilizar dados coletados visando o controle da população.

Acerca das expectativas de uma sociedade democrática frente ao seu governo, Carlos Ayres Britto ressalta que "o Judiciário não tem do governo a função, mas tem do governo a força. A força de impedir o desgoverno, que será tanto pior quanto resultante do desrespeito à Constituição"[289]. Ele sugere que a governabilidade, tornada práxis, corresponderá ao clímax do humanismo e da democracia.

---

286. TAVARES, André Ramos. *Direito Constitucional Econômico*. 3. ed. São Paulo: Método, 2006, vol.. 1, p. 78-79.
287. ARANHA, Marcio Iório. *Manual de Direito Regulatório*: Fundamentos de Direito Regulatório. 2. ed. Coleford, UK: Laccademia Publishing, 2014, p. 11-15.
288. *Ibidem*, p. 9-11.
289. BRITTO, Carlos Ayres. *O humanismo como categoria constitucional*. Rio de Janeiro: Ed. Fórum, 2012, p. 116.

Todos devem respeitar os limites ditados pela Constituição para que o Estado seja o que a sociedade deseja. A comunidade poderá, mediante regulação adequada, que passe ao largo do controle político, mensurar os investimentos e os procedimentos que são úteis para alcançar seus objetivos. Mitigando o mau uso de redes informáticas – quer pela educação e pelo Direito quando isso for possível, quer por técnicas de defesa cibernética para fazer valer a norma quando for necessário – o Estado contribuirá com a sociedade no sentido de preservar a paz social e outros valores.

No capítulo a seguir, são indicadas outras maneiras de fomentar o desenvolvimento da defesa cibernética por meio de políticas públicas, com benefícios para o Estado representando a comunidade e para sociedades empresárias, que tendem a melhorar a qualidade de vida das pessoas.

4. A MITIGAÇÃO DE RISCOS ORIUNDOS DO PUGILATO CIBERNÉTICO POR MEIO DE POLÍTICAS PÚBLICAS

O êxito no pugilato cibernético depende, fortemente, de investimento em inovação tecnológica, a qual é de importância inegável. Na percepção do professor Kim, a ciência e a tecnologia parecem ter sido a chave do desenvolvimento dos países avançados[290]. A inovação, fomentada pelo Estado moderno, pode ser otimizada com base no modelo da tripla hélice, em que há investimento do Estado alimentado a indústria e o meio acadêmico – incluindo, neste último conceito, outros institutos de pesquisa e difusão[291].

O fomento à inovação é mais eficaz se promovido por políticas públicas bem planejadas e executadas de forma contínua. Nas últimas décadas, principalmente a partir de 1960, a Coreia do Sul passou por uma grande transformação: de uma economia baseada em agricultura de subsistência, o país possui atualmente uma economia moderna e ágil[292]. Durante muitos anos, a Coreia do Sul apresentou crescimento anual expressivo e, hoje, pode ser tida como exemplo de aumento de renda e uma potência econômica mundial com crescimento notável nas exportações.

O desenvolvimento sul-coreano iniciou-se em razão da industrialização baseada na imitação. A partir da imitação, teve início um processo de inovação contínua, combinando elementos trazidos de outros países – às vezes importados por meio de transferência tecnológica e de conhecimento –, que possibilitaram produção local e inovação a partir da solução de problemas existentes[293].

---

290. KIM, Linsu. *Da Imitação à Inovação*: a Dinâmica do Aprendizado Tecnológico da Coreia. Campinas: Unicamp, 2005. p. 7.
291. ETZKOWITZ, H. Reconstrução criativa da Hélice Tripla e Inovação Regional. In: *Revista Inteligência Empresarial* n. 23. Rio de Janeiro: Editora e-papers, 2005.
292. KIM, Linsu, *op. cit*, . p. 13-14.
293. *Ibidem*, p. 27-29.

No caso do pugilato cibernético, pode-se dizer que acessar o código-fonte de *softwares* abertos – principalmente se forem comentados – e aperfeiçoá-los é uma forma de realizar inovação, combinando os elementos já existentes com novidades que auxiliem a solução de problemas específicos. Outrossim, o acesso ao código-fonte, por si só, pode ser uma forma de adquirir conhecimentos, desde que seja compreendido e seja novidade para quem o acessa. A decisão da Ação Direta de Inconstitucionalidade (ADI) nº 3.059 / RS contribui para o desenvolvimento brasileiro nesse campo.

Para compreensão do código-fonte, as instituições de ensino devem ter condições de preparar indivíduos para se tornarem profissionais que atuarão no ciberespaço. Cresce ainda em importância a formação básica bem estruturada, assim como o ensino médio de qualidade, sem os quais a compreensão da tecnologia é manifestamente dificultada.

O Estado tem muitas razões para empreender, dentre elas o fortalecimento da própria sociedade. Será compensador o investimento realizado pelo Estado em favor da inovação que agrega valor a produtos voltados para exportação, como no modelo sul-coreano. No caso da inovação no setor cibernético, a tecnologia adquirida pode agregar valor relevante a produtos e serviços, cujos resultados podem realimentar a pesquisa, criando um ciclo virtuoso. Independentemente da beligerância que motivou o desenvolvimento da área cibernética, o investimento estatal tende a ter um resultado de aproveitamento tecnológico dual (militar e civil), útil, inclusive, para melhorar a qualidade de alguns bens e serviços.

Nesse contexto, a percepção comum é de que investimentos em inovação no campo da tecnologia da informação podem ser especialmente vantajosos para a sociedade. Investir em inovação no setor cibernético propicia, ao mesmo tempo, qualidade de vida e segurança: qualidade de vida pela fruição, uso e gozo da inovação, e segurança pelo fato de o conhecimento ser útil para a defesa nacional contra possíveis ameaças que trafegam na rede. O ideal é que a inovação seja incentivada pelo Estado a partir de políticas públicas com objetivos bem definidos.

A seguir, será evidenciado, por meio de casos práticos, que essa meta pode ser alcançada mediante aplicação mais eficiente de recursos.

4.1 A necessidade de aparelhamento do Estado no setor cibernético

A solução para a defesa cibernética passa, necessariamente, pelo tratamento dos dados resultantes da vigilância cibernética, assim como pela celebração de acordos internacionais. A comunidade internacional tem agido de forma cada vez mais colaborativa. Um acordo global diminuiria o risco de beligerância, melhorando as relações entre Estados[294]. O tratamento de dados tem merecido regulamentação, conforme corrobora o caso italiano. Já em 2003, entrou em vigor na Itália o Decreto Legislativo nº 196, uma importante norma relacionada ao tema "tratamento de dados pessoais"[295].

Já no art. 1º, essa norma declara que todos têm direito à proteção de dados pessoais que lhe digam respeito. Pelas razões já elencadas, entende-se que essa proteção valeria, no Brasil, também para pessoas jurídicas. No art. 2º do decreto legislativo italiano, previu-

---

294. GRAÇA. Ronaldo Bach da. *Regulação da Guerra Cibernética e o Estado Democrático de Direito no Brasil.* Disponível em: < https://bit.ly/2QL0Ikn >. Acesso em: 11/7/2015.

295. ITALIA. Decreto legislativo 30 giugno 2003, n. 196. Codice in matéria di protezione dei dati personali. Disponível em: <http://www.camera.it/parlam/leggi/deleghe/03196dl.htm>. Acesso em: 11/7/2015.
"TITOLO X - COMUNICAZIONI ELETTRONICHE
CAPO I - SERVIZI DI COMUNICAZIONE ELETTRONICA
Art. 121 (Servizi interessati)
1. Le disposizioni del presente titolo si applicano al trattamento dei dati personali connesso alla fornitura di servizi di comunicazione elettronica accessibili al pubblico su reti pubbliche di comunicazioni.
Art. 122 (Informazioni raccolte nei riguardi dell'abbonato o dell'utente)
1. Salvo quanto previsto dal comma 2, è vietato l'uso di uma rete di comunicazione elettronica per accedere a informazioniarchiviate nell'a pparecchio terminale di un abbonato o di um utente, per archiviare informazioni o per monitorare le operazioni dell'utente.
2. Il codice di deontologia di cui all'articolo 133 individua i presupposti e i limiti entro i quali l'uso della rete nei modi di cui al comma 1, per determinati scopi legittimi relativi ala memorizzazione tecnica per il tempo strettamente necessário alla trasmissione della comunicazione o a fornire uno specifico servizio richiesto dall'abbonato o dall'utente, è consentito al fornitore del servizio di comunicazione elettronica nei riguardi dell'abbonato e dell'utente che abbiano espresso il consenso sulla base di una previa informativa ai sensi dell'articolo 13 che indichi analiticamente, in modo chiaro e preciso, le finalità e la durata del trattamento.
Art. 123 (Dati relativi al traffico)
1. I dati relativi al traffico riguardanti abbonati ed utenti trattati dal fornitore di una rete pubblica di comunicazioni o di un servizio di comunicazione elettronica accessibile al pubblico sono cancellati o resi anonimi quando non sono più necessari ai fini della trasmissione della comunicazione elettronica, fatte salve le disposizioni dei commi 2, 3 e 5.
2. Il trattamento dei dati relativi al traffico strettamente necessari a fini di fatturazione per l'abbonato, ovvero di pagamenti in caso di interconnessione, è consentito al fornitore, a fini di documentazione in caso di contestazione della fattura o per la pretesa del pagamento, per un periodo non superiore a sei mesi, salva l'ulteriore specifica conservazione necessária per effetto di una contestazione anche in sede giudiziale.
3. Il fornitore di un servizio di comunicazione elettronica accessibile al pubblico può trattare i dati di cui al comma 2 nella misura e per la durata necessarie a fini di commercializzazione di servizi di comunicazione elettronica o per la fornitura di servizi a valore aggiunto, solo se l'abbonato o l'utente cui i dati si riferiscono hanno manifestato il próprio consenso, che è revocabile in ogni momento.
4. Nel fornire l'informativa di cui all'articolo 13 il fornitore del servizio informa l'abbonato o l'utente sulla natura dei dati relativi al traffico che sono sottoposti a trattamento e sulla durata del medesimo trattamento ai fini di cui ai commi 2 e 3.
5. Il trattamento dei dati personali relativi al traffico è consentito unicamente ad incaricati del trattamento che operano ai sensi dell'articolo 30 sotto la diretta autorità del fornitore del servizio di comunicazione elettronica accessibile al pubblico o, a seconda dei casi, del fornitore della rete pubblica di comunicazioni e che si occupano della fatturazione o della gestione del traffico, di analisi per conto di clienti, dell'accertamento di frodi, o della commercializzazione dei servizi di comunicazione elettronica o della prestazione dei servizi a valore aggiunto. Il trattamento è limitato a quanto è strettamente necessário per lo svolgimento di tali attività e deve assicurare l'identificazione dell'incaricato che accede ai dati anche mediante un'operazione di interrogazione automatizzata.
6. L'Autorità per le garanzie nelle comunicazioni può ottenere i dati relativi alla fatturazione o al traffico necessari ai fini della risoluzione di controversie attinenti, in particolare, all'interconnessione o alla fatturazione. [...]"

se o respeito aos direitos e às liberdades fundamentais, o respeito à dignidade, dentre outras garantias. A referida norma indica as pessoas competentes para tratamento de dados, diferenciando o titular do tratamento, o responsável (designado facultativamente pelo titular) e os encarregados pelo tratamento, medidas de segurança dos dados e dos sistemas. São definidas, ainda, as medidas mínimas de segurança, a transferência de dados ao exterior e os pormenores dos serviços de comunicação eletrônica.

O art. 132 do Decreto Legislativo nº 196 italiano trata da coleta e do tratamento de dados, respeitando as medidas e os meios de garantia do interessado[296]. Numa análise sistemática, conclui-se que a norma abrange, inclusive, as comunicações telefônicas. Destaco que parte das comunicações telefônicas existentes hoje no Brasil e no mundo acontece, tecnicamente, na internet, usando tecnologias como voz sobre IP (VOIP) ou outras formas de trânsito de dados. Logo, essa forma de comunicação, também, depende da proteção cibernética, até porque, mesmo quando os usuários finais de um meio de comunicação não estejam utilizando computadores, as redes informáticas, normalmente, são utilizadas no gerenciamento de comunicações telefônicas "tradicionais".

Existem normas europeias acerca do assunto, tais como a Diretiva 95/46/CE – referente à proteção das pessoas no que diz respeito ao tratamento e à livre circulação de dados pessoais – e a Convenção 108, a qual regulamenta a proteção das pessoas em relação ao tratamento automatizado de dados pessoais.

Se os instrumentos normativos mencionados fossem tomados como parâmetro, certamente protegeriam, também, pessoas jurídicas, consoante doutrina e jurisprudência brasileiras apresentadas no terceiro capítulo. Em direção oposta, a França recentemente, editou leis que permitem uma postura bastante intrusiva nos dados que circulam na internet com a finalidade de aumentar a proteção contra o terrorismo. O mesmo acontece nos Estados Unidos, não obstante a substituição do *Patriotc Act*.

Outro instrumento transnacional que trata do tema são as Linhas Diretrizes da OCDE: desde 2013, o governo do Brasil vem tentando implementar tais diretrizes em empreendimentos sob sua jurisdição[297]. Todavia, a efetividade desse documento, também, é limitada em face das características próprias da internet e da falta de cooperação internacional.

---

296. Art. 132 (Conservazione di dati di traffico per altre finalità)
1. Fermo restando quanto previsto dall'articolo 123, comma 2, i dati relativi al traffico telefonico sono conservati dal fornitore per trenta mesi, per finalità di accertamento e repressione di reati, secondo le modalità individuate con decreto del Ministro della giustizia, di concerto con i Ministri dell'interno e delle comunicazioni, e su conforme parere del Garante."
297. PALMA, Gabriel. *Governo cria Grupo de Trabalho para implementar diretrizes da OCDE para multinacionais*. Disponível em: < https://bit.ly/2xCqWNj >. Acesso em: 11 jul. 2015.

Acerca da atuação estatal, chegaram ao conhecimento do público supostos desentendimentos entre empresas de tecnologia da informação – Google, Facebook, Microsoft e Apple – e a polícia federal estadunidense (FBI). A controvérsia teve início quando o FBI requisitou à Apple que recuperasse os dados contidos em um telefone da marca, que era usado por um terrorista islâmico. No entanto, o FBI não solicitou apenas a recuperação de tais dados: solicitou um *backdoor* no IOS, o sistema operacional do iPhone. A Apple negouse a atender a requisição do FBI, e o departamento de justiça estadunidense considerou a negativa da empresa como uma estratégia de marketing. Tim Cook, diretor executivo da Apple, explicou que o pedido do FBI era o equivalente, no mundo físico, a uma chavemestra capaz de abrir milhões de fechaduras, o que, para o diretor, foi uma determinação inaceitável. Google, Facebook e Microsoft posicionaram-se a favor da Apple[298].

O *backdoor* requisitado pode ser entendido como uma ferramenta capaz de entregar ao FBI todos os dados que trafegam no *smartphone*. Isso pode ser comparado, no que diz respeito à privacidade e à intimidade, a uma porta desconhecida do dono de uma casa, cuja chave fica sob a guarda do governo, apto a entrar e sair conforme sua conveniência, sem que o dono tome conhecimento. É algo realmente muito grave. Observa-se que, além do representante do governo poder entrar pela porta – o que já é um absurdo –, ainda aumenta a vulnerabilidade para o dono da casa, pois, pela tal porta desconhecida, também pode entrar um ladrão para subtrair bens privados.

Pode-se depreender do caso que a população deve ser protegida das ilegalidades e dos excessos dos agentes públicos. Para isso, as leis que regulam essa atividade devem evitar a possibilidade de interpretações polêmicas como a apresentada pelo FBI, mesmo que a sociedade concorde que o Estado vigie o necessário para manter a comunidade em segurança.

Na hipótese de a suprema corte americana adotar o mesmo entendimento manifestado pelo FBI, a despeito dos direitos tutelados em outros países, o governo estadunidense terá os meios necessários para invadir o iPhone de quem quer que seja, salvo se algum aparato tecnológico estrangeiro inesperado, e operado por alguém com capacitação compatível, impedir.

Políticas públicas, preferencialmente implementadas a partir de leis, podem auxiliar a sociedade neste processo de maturação, para que o Estado seja cada vez mais eficaz. Meios utilizados no pugilato cibernético podem proteger contra o *cyber* terrorismo, assim como auxiliar muitas investigações estratégicas para uma nação.

---

298. VILICIC, Filipe. A guerra entre a Apple e o FBI. *Revista Veja*. ed. 2466. São Paulo: abr., 2016, p. 68-69.

Os Estados que possuem melhores condições costumam investir recursos com foco no desenvolvimento de tecnologias e estratégias de negócios que serão utilizadas, inclusive, em transações privadas. O bem-estar social, quando ameaçado por ataques em redes informáticas, deve ser preservado com o mesmo esmero com que foi conquistado.

Mitigando o mau uso de redes informáticas – seja pela educação e pelo Direito, quando isso for possível, seja por técnicas de defesa cibernética, quando for necessário –, o Estado contribuirá com a sociedade no sentido de preservar a paz social e outros valores.

A defesa cibernética, que protege a eficácia da norma para uma melhor garantia dos Direitos aplicáveis às empresas e à sociedade como um todo, também, depende da norma, estimulando e implementando condutas de interesse no campo da defesa cibernética, com vistas à criação de uma comunidade mais justa e próspera.

4.2 Políticas públicas voltadas para inovação e tecnologia

Os Estados Unidos da América investiram vultuosos recursos em atividades empreendedoras a fim de estimular a inovação. São exemplos de sucesso: a Agência de Projetos de Pesquisa Avançada de Defesa (DARPA), o Programa de Pesquisa para a Inovação em Pequenas Empresas (SBIR) e a Iniciativa Nacional de Nanotecnologia. Todos esses projetos representaram uma abordagem proativa do Estado americano com o objetivo de impulsionar a inovação.

Implementaram-se políticas públicas com visão estratégica em atividades altamente inovadoras: pesquisas cujo risco foi assumido pelo Estado visando ao desenvolvimento socioeconômico[299]. Por certo, o governo norte-americano previa criar parcerias com empresas que agregassem valor tecnológico a seus produtos para alcançar objetivos estratégicos nacionais.

A fim de ilustrar o êxito do poder público ao assumir investimentos de risco, destaca-se o caso da Apple. Produtos revolucionários, como o iPhone e o iPad, incorporaram tecnologias resultantes de décadas de investimento estatal em inovação. Grande parte da tecnologia agregada a esses produtos foi desenvolvida a partir de esforços de pesquisa e apoio financeiro do governo e das Forças Armadas[300].

Nesse ponto, abro parênteses a respeito do suposto desentendimento citado entre a Apple e o FBI. Caso de fato tenha existido ou venha a existir alguma controvérsia entre

---

299. MAZZUCATO, Mariana. O *Estado empreendedor*: desmascarando o mito do setor público vs. Setor Privado. Trad. Elvira Serapicos. São Paulo: Portifolio-Penguin, 2014, p. 109-125.
300. MAZZUCATO, Mariana. O *Estado empreendedor*: desmascarando o mito do setor público vs. Setor Privado. Trad.: Elvira Serapicos. São Paulo: Portifolio-Penguin, 2014, p. 126-129.

eles, há forte tendência de superação em razão de serem parceiros há muito tempo, e, aparentemente, possuírem diversos interesses convergentes, sobretudo no que diz respeito à inovação.

O Estado pode e deve, dentro de suas possibilidades, investir em ciência, tecnologia e inovação. Tais investimentos auxiliarão o crescimento socioeconômico e, por consequência, o desenvolvimento do Estado. Com o mesmo empenho que o Estado deve agir sinergicamente com o meio acadêmico e as empresas, gerando emprego e renda, deve, também, zelar pela manutenção das conquistas civilizatórias da sociedade. Uma das formas de fazê-lo é investindo em defesa cibernética e oferecendo proteção para a atuação da sociedade no ciberespaço.

Como já se relatou, ataques cibernéticos podem causar grandes transtornos para empresas, bancos, governos e para a comunidade em geral. Há alguns anos, foi noticiado que a Bolsa de Valores de Nova Iorque, a companhia aérea *United Airlines* e o jornal *Wall Street Journal* foram vítimas de falhas técnicas em suas redes informáticas. A Bolsa de Valores de Nova Iorque ficou fechada por quase quatro horas no dia 8 de julho de 2015. No mesmo dia, a empresa americana *United Airlines* deixou de operar qualquer voo por duas horas em todo o mundo. O *Wall Street Journal*, por sua vez, teve sua página fora do ar por alguns momentos e instável por período mais longo. Ainda que tenha sido desmentido pelo próprio FBI[301], sites internacionais indicaram um possível ataque de *hacker* direcionado a grandes corporações dos Estados Unidos[302].

A partir desses casos, temos uma amostra do potencial dos ataques cibernéticos. Aqueles eventos representam muito pouco em face do potencial dos ataques cibernéticos, a despeito do grande transtorno e do prejuízo causados. A comunidade, ainda que não tenha consciência do perigo, precisa de proteção contra tais ameaças.

Julian Assange, do sítio Wikileaks, que permaneceu recluso por alguns anos na embaixada do Equador, em Londres, afirmou que haverá prejuízo para a sociedade brasileira, incluindo suas empresas, caso o nosso governo continue não se defendendo de atos de espionagem, que podem acontecer pelo ciberespaço. Afinal, não se pode garantir que a espionagem contra autoridades e empresas brasileiras foi encerrada[303]. Tal assertiva evidencia a possibilidade de prejuízos significativos para o Brasil e seus contribuintes, até que a espionagem contra brasileiros possa, ao menos, ser identificada tecnicamente.

---

301. VALOR ECONÔMICO. *FBI não encontra indício de ataque cibernético em falha na Bolsa de NY*. Disponível em: < https://bit.ly/2PRn7ew >. Acesso em: 9 jul. 2015.
302. CARVALHO, Caio. *Erro de computador afeta sistemas da Bolsa de Nova York, United Airlines e WSJ*. Disponível em: < https://bit.ly/2prKiAW >. Acesso em: 9 jul. 2015.
303. GLOBONEWS. *EUA grampearam Dilma, ex-ministros e avião presidencial, revela Wikileaks*. Disponível em: < https://glo.bo/2uh4zcm >. Acesso em: 11 jul. 2015.

O desenvolvimento tecnológico necessário a um bom resultado no pugilato cibernético é potencializado por um Estado que atue como empreendedor. Por meio de análise schumpeteriana e keynesiana, Mariana Mazzucato mostra que o Estado deve, para o bem da sociedade, atuar com empreendedorismo, assumindo riscos e criando mercados. A autora destaca a importância do financiamento orientado e dos contratos públicos[304].

Destaca-se o papel do Estado nas incubadoras de inovação e empreendedorismo, como no caso norte-americano do Vale do Silício. Mazzucato discorre que o Estado pode ser um empreendedor corajoso, tendo sido o grande responsável por inovações como a internet, GPS, telas sensíveis ao toque, comando por voz. Ela questiona se os agentes privados do mercado realizariam tal investimento por iniciativa própria[305]. Nesse ponto, deve-se ressaltar que nenhuma das tecnologias citadas foi desenvolvida sem o aporte de recursos públicos para o financiamento de pesquisas. Um aspecto interessante no desenvolvimento dessas tecnologias de ponta, fruto de investimentos estatais, foi o caráter dual desses inventos: criados, inicialmente, por uma demanda das Forças Armadas, eles foram, mais tarde, integrados a produtos de emprego civil largamente difundidos, proporcionando benefícios a inúmeras pessoas. A internet tem sido responsável por fomentar a pesquisa entre universidades. Por outro lado, ela foi estudada como ferramenta para atividades militares desde a sua origem, chegando, atualmente, a ser uma poderosa ferramenta de mitigação da privacidade. O GPS tem, também, estreita ligação com o desenvolvimento do material bélico.

Podem ser citados outros exemplos de inovação capitaneados por Forças Armadas: tecnologias ligadas a processamento e armazenamento informatizado de dados, semicondutores, química do estado sólido, telas capacitivas sensíveis ao toque, *click wheel*, tecnologias relacionadas a protocolos de redes, baterias[306].

Entendo que o investimento estatal será mais útil se tiver objetivo dual. Esse financiamento deve ser precedido de planejamento sério que busque antever formas de dissuadir a corrupção no emprego dos recursos públicos: a espionagem, a venda de dados ou informações e quaisquer outras formas de riscos aos projetos.

Mazzucato evidencia que países periféricos da zona do euro, a exemplo de Portugal e da Itália, se caracterizam por um setor público estagnado e que não foi capaz de realizar investimentos estratégicos como alguns países, a exemplo da Alemanha, vêm fazendo há

---

304. MAZZUCATO, Mariana. O *Estado empreendedor*: desmascarando o mito do setor público vs. setor privado. Trad.: Elvira Serapicos. São Paulo: Portifolio-Penguin, 2014, p. 7-22.
305. *Ibidem*, p. 23-26.
306. MAZZUCATO, Mariana. O *Estado empreendedor*: desmascarando o mito do setor público vs. setor privado. Trad.: Elvira Serapicos. São Paulo: Portifolio-Penguin, 2014,. p. 133-157.

décadas. A autora afirma que são necessários investimentos em educação, capital humano, pesquisa e desenvolvimento (P&D).

Ante o axioma de que a austeridade traz necessário e suficientemente o crescimento, a autora contra-argumenta com o exemplo de estados de dívida mais alta que cresceram de forma estável, a exemplo do Canadá, da Austrália e da Nova Zelândia[307]. É possível fazer um paralelo com a situação das pessoas físicas: o endividamento com planejamento, responsabilidade e trabalho pode trazer excelentes oportunidades, principalmente se conseguido com baixos juros. Em síntese: austeridade não é sinônimo de planejamento.

Investimentos privados, normalmente, são baseados na percepção de risco, o que faz com que o Estado esteja por trás das grandes revoluções tecnológicas e de longos períodos de crescimento. Isso porque a inovação costuma trazer consigo grandes riscos em seus estágios iniciais de desenvolvimento, os quais, normalmente, só são suportados pelo setor público[308].

Um exemplo brasileiro de investimento estatal de sucesso foi o carro de combate Osório, produzido nos anos 1980 pela Engesa. Em uma concorrência na Arábia Saudita, da qual participaram o carro de combate Challenger inglês, o M1 Abrams estadunidense e o AMX-40 da França, o Osório foi considerado o melhor carro de combate na ocasião[309]. Em 1988, em Abu Dhabi, competiu, ainda, com o italiano C-1 Ariete, sendo mais uma vez considerado o melhor[310]. Trata-se de um exemplo bem-sucedido de investimento público, em que pese o fechamento posterior da Engesa. Outro caso de sucesso é notório: a Embraer, que nasceu de investimentos do Estado – em particular da Força Aérea Brasileira – em tecnologias duais.

Deve-se atentar, ainda, para que os ecossistemas de inovação possuam relações simbióticas e não parasitárias[311], o que pode ser traduzido numa linguagem típica de negociação: a parceria entre o agente público e o privado deve estar centrada no "ganha-ganha". Se uma das partes segue perdendo, não haverá sustentabilidade na relação. O "ganha-ganha" definitivamente não acontece com a financeirização[312] do setor privado a partir de recursos públicos. Nessa hipótese, perde a sociedade.

---

307. MAZZUCATO, Mariana. O Estado empreendedor: desmascarando o mito do setor público vs. setor privado. Trad.: Elvira Serapicos. São Paulo: Portfolio-Penguin, 2014, p. 43-44.
308. MAZZUCATO, Mariana. O Estado empreendedor: desmascarando o mito do setor público vs. setor privado. Trad.: Elvira Serapicos. São Paulo: Portfolio-Penguin, 2014, p. 50-51.
309. FORÇAS TERRESTRES. Osório: o MBT brasileiro que bateu o M1 Abrams. Disponível em: < https://bit.ly/2PSxZsq >. Acesso em: 18 ago. 2015.
310. NOTÍCIA MILITAR. EE-T1 Osório volta a ser fabricado. Disponível em: < https://bit.ly/2QHh25w >. Acesso em: 18 ago. 2015.
311. MAZZUCATO, Mariana. Op. cit., p. 52.
312. Um exemplo de financeirização é a recompra das próprias ações com objetivo de valorizar artificialmente uma empresa. Trata-se de um conceito utilizado por Mariana Mazzucato no livro O Estado empreendedor.

Mazzucato usa um conceito interessante importado da Holanda, em que o crédito fiscal para P&D visa empregos, e não o tradicional, que seria receita[313]. A geração de empregos de qualidade impulsiona a sociedade e realimenta as atividades do Estado, com suas políticas de crescimento visando a uma melhor qualidade de vida aos cidadãos. Dessa forma, todo e qualquer investimento estatal deve ser feito com cautela para evitar que os benefícios se revertam em favor dos que não arcaram com os riscos da pesquisa. Se o BNDES (Banco Nacional do Desenvolvimento Econômico e Social) financia pesquisas e desenvolvimento de fármacos, por exemplo, o governo brasileiro deve garantir que as empresas que tiveram êxito em suas pesquisas não sejam vendidas para grupos transnacionais que não tenham compromisso com a geração de impostos, empregos e renda no País.

Quando uma empresa inovadora e com pesquisas financiadas pelo Estado é vendida para um grupo transnacional, as tecnologias por ela desenvolvidas são acessíveis a todo o grupo, incluindo os integrantes estrangeiros. É comum que empresas transnacionais mantenham atividades, realmente, estratégicas com as suas matrizes, realizando, nos países em que possuem filiais, apenas atividades secundárias, menos rentáveis e que não demandam pesquisas.

Nas hipóteses levantadas, o lucro do agente privado ocasiona grande prejuízo ao público que arcou com os riscos da pesquisa. Uma das formas de tentar evitar esse "efeito captura" é a previsão de multas elevadas, que inviabilizem a venda de empresas inovadoras, financiadas pelo Estado, para grupos que não sejam nacionais.

O modelo da tripla hélice de inovação remete à difusão do conhecimento. No entanto, ele é aplicável mesmo quando se fala em desenvolvimento de tecnologias sigilosas. Projetos de natureza sigilosa podem incluir aspectos pontuais cuja difusão deve ser restrita, sendo-lhes dado tratamento especial.

No Brasil, tecnologias ligadas a radares e sensores eletromagnéticos – tidas como sensíveis e de difícil acesso – vêm sendo fomentadas pelo Departamento de Ciência e Tecnologia (DCT) do Exército Brasileiro, podendo trazer bons frutos para a indústria nacional.

A Estratégia Nacional de Defesa (END) e o *Livro Branco de Defesa Nacional*, abordados anteriormente, balizam políticas públicas atinentes à defesa cibernética de forma geral. Em sentido estrito, as aludidas políticas públicas são referidas no *Livro Verde: segurança cibernética no Brasil*.

---

313. MAZZUCATO, Mariana. Op. cit., p. 89.

A END enumera as diretrizes estratégicas atinentes a cada uma das Forças Armadas, indicando o portfólio desejável a cada uma delas. Conforme visto, lado a lado com essas diretrizes, são abordados os papéis decisivos para a defesa nacional, dentre os quais o cibernético. Tal política pretende assegurar a soberania nacional, que deve ser garantida pelas Forças Armadas. A END trata de pautas decisivas para a segurança de um país, ditando a estratégia e os meios para que a sociedade participe da defesa. A política posiciona a tecnologia no contexto como mais um instrumento de combate, sendo o monitoramento/controle um dos vetores do trinômio que, junto com a mobilidade e a presença, resulta na capacitação de cada uma das Forças Armadas.

A capacidade de monitorar e controlar é colocada como base para que a sociedade, representada pelas Forças Armadas, responda, rapidamente, às ameaças e agressões. O desenvolvimento da indústria – para que essa domine tecnologias indispensáveis à defesa –, também, é sinalizado na END, buscando assegurar, inclusive, recursos financeiros para as empresas estratégicas de defesa. Conforme a END, o Brasil não pretende ser comprador, mas parceiro de fornecedores estrangeiros quando a importação for a única solução. A inovação, também, é vetor de desenvolvimento a ser fomentado por todos os meios disponíveis. A relação entre ciência, tecnologia e inovação na defesa entra em sinergia com a Política de Desenvolvimento Produtivo (PDP), de 2008, coordenada pelo Ministério do Desenvolvimento, Indústria e Comércio Exterior[314].

O Livro Branco da Defesa, por sua vez, indica que é dever do Estado prover a segurança necessária para que a sociedade alcance seus objetivos. Indica, ainda, que o Brasil deve ter uma provisão de defesa compatível com sua estrutura econômica. Informa que a política de defesa e a política externa são complementares e indissociáveis. A criação de produtos de defesa, também, é alvo da política e será incentivada dentro do que for possível. O Livro faz referência à defesa cibernética de forma categórica, constatando que o setor cibernético é essencial à segurança nacional, pois controla diversos órgãos e sistemas a ela relacionados. Confidencialidade, disponibilidade, integridade e autenticidade dos dados que trafegam em redes informáticas são objetivos a serem alcançados a partir do setor de defesa cibernética, num esforço contínuo e de longo prazo. A proteção contra ataques cibernéticos deve ser perseguida, também, pelo fomento à inovação e à indústria de defesa, se possível por produtos de uso dual[315].

O Livro Verde, do Gabinete de Segurança Institucional da Presidência da República, chama atenção para alguns fenômenos modernos, como a sistemática convergência tecnológica; interconexão e interdependência das redes de informação cada vez mais presentes; popularização da internet; avanço tecnológico de equipamentos ligados em rede,

---
314. BRASIL. Ministério da Defesa. *Estratégia Nacional de Defesa*: Decreto nº 6.703/2008. Disponível em: < https://bit.ly/2pr9EyE >. Acesso em: 26 jan. 2016.
315. BRASIL. Ministério da Defesa. *Livro Branco da Defesa Nacional*. Brasil, 2012.

aumento das ameaças e vulnerabilidades na rede; realidade de ambientes complexos, com diversidade de interesses e contínuas mudanças; a transversalidade da segurança cibernética. O Livro indica que muitos são os desafios e as ameaças neste campo, sinalizando potenciais diretrizes estratégicas. Coloca como tendência para 2020 uma revolução da infraestrutura, maior compartilhamento de dados confidenciais na rede, maior conectividade, aumento do uso de serviços bancários pela rede, como, também, do comércio eletrônico, normas mais severas, internets múltiplas, novos modelos de relacionamento e confiança. A partir desse ambiente, são citadas diretrizes para a política nacional de segurança cibernética, abrangendo aspectos político-estratégicos, econômicos, socioambiental, educacional, marco legal para a cibernética, cooperação internacional, segurança de infraestruturas críticas[316].

As políticas apresentadas convergem para o incentivo industrial, acadêmico e em favor da inovação de tecnologias de interesse. Ratificam, ainda, muitos outros conceitos explorados nesta análise, inclusive se colocados num contexto de políticas públicas mais abrangentes.

Observa-se, então, a necessidade de incremento da proteção social em um campo cada vez mais complexo e dependente da inovação tecnológica. O uso racional de recursos e o bom senso na aplicação das ferramentas disponíveis para a segurança cibernética passam a ser norteadores de condutas em uma realidade jamais vivida pela comunidade. O estudo de caso apresentado a seguir serve de exemplo de fomento que pode oferecer significativos ganhos de segurança para a sociedade e para o Estado, a partir da utilização inteligente de recursos públicos em benefício de todos.

4.3 Estudo de caso: o antivírus brasileiro e sua utilidade no contexto do pugilato cibernético

Como visto, ameaças cibernéticas são uma realidade que afrontam a defesa nacional de qualquer Estado nos dias de hoje, mesmo em tempo de paz. A fim de se precaver contra ameaças virtuais, o Exército Brasileiro, por meio de seu Departamento de Ciência e Tecnologia, tem implementado projetos voltados à inovação e de cunho dual, como é o caso do projeto do antivírus brasileiro – o Defesa BR – e do simulador de operações cibernéticas – o SIMOC.

O SIMOC foi implementado pela empresa brasileira Decatron, mediante o investimento estatal de cerca de cinco milhões de reais[317]. Trata-se de um projeto inovador no Brasil que forneceu tecnologia de ponta para treinamentos em guerra cibernética, podendo ser apontado como um projeto inovador. O SIMOC é utilizado nos cursos de guerra ciberné-

---

316. BRASIL Presidência da República. *Livro verde*: segurança cibernética no Brasil. Brasília: GSIPR/SE/DSIC, 2010.
317. REDAÇÃO LINHA DEFENSIVA. *Exército Brasileiro investe R$ 6 milhões em segurança e guerra digital*. Disponível em: < https://bit.ly/2DiUt4F >. Acesso em: 2 ago. 2015.

tica, ministrados no Centro de Instrução de Guerra Eletrônica, que já teve como alunos militares das três Forças Armadas e civis.

O alcance dos projetos transcende o simples fato de existir uma proteção contra ameaças virtuais corriqueiras. Por vezes, vírus de computadores são analisados por programadores de antivírus a partir de arquivos infectados enviados pelo usuário. Quando existem informações estratégicas contaminadas por ameaças virtuais, a análise deve ser realizada por equipes de confiança do proprietário da informação. O projeto de desenvolvimento do antivírus permite que toda a análise de dados seja realizada em local conhecido e por pessoas identificáveis, com as quais se pode trocar informações com maior facilidade e segurança.

Em outros momentos, as informações estratégicas dizem respeito aos processos e sistemas informáticos em uso. Compartilhar tais informações – que podem dizer respeito à segurança do país – com empresas estrangeiras potencializa riscos que seriam evitáveis caso fossem realizados no Brasil. As ferramentas de proteção informáticas não protegem apenas dados e arquivos, mas sistemas inteiros e processos lógicos.

Visando à obtenção do antivírus nacional, foi contratada a montagem de um laboratório de segurança virtual nas dependências do Exército, com a vantagem de fomentar o desenvolvimento de tecnologias nacionais de interesse da defesa cibernética. A empresa contratada para o desenvolvimento do antivírus foi a BluePex Controle e Segurança, escolhida mediante processo licitatório. O gasto no projeto foi estimado em setecentos e vinte mil reais, no decorrer de dois anos, com prestação de suporte técnico personalizado[318].

Antes do projeto, os arquivos infectados eram enviados para análise em laboratórios de empresas transnacionais, o que levou o general Santos Guerra, então comandante de comunicações e guerra eletrônica do Exército, a manifestar-se no sentido de que não tinha certeza para que região era enviado o arquivo infectado. Em virtude da contratação, o tratamento pôde ser realizado em território nacional e interagindo com técnicos brasileiros[319].

A respeito do projeto do antivírus, o Centro de Tecnologia da Informação Renato Archer (CTI)[320] declarou que o produto tem um potencial animador na visão do Ministério da Ciência, Tecnologia, Inovação e Comunicações (MCTIC), necessitando de escalabili-

---

318. FERRER, Rafael. *Exército usará antivírus brasileiro*. Disponível em: < https://abr.ai/2QMYy3x >. Acesso em: 2 ago. 2015.
319. *Ibidem*.
320. CTI é uma unidade de pesquisa do MCTI.

dade para viabilizar o projeto. A expectativa do Exército era de que ele fosse testado ao menos no âmbito da administração pública federal[321].

O Exército Brasileiro tem investido recursos em tais projetos como fomento à inovação, de forma paralela às ações do MCTIC[322]. O CComGEx foi o órgão do Exército que coordenou o desenvolvimento do antivírus nacional, por meio de contrato de prestação de serviços. O *software* foi utilizado desde a sua criação em cerca de sessenta mil terminais, dispensando a aquisição de novas licenças anuais[323]. Tal fato, além de ter gerado uma economia considerável, evitou que fossem gastos recursos em antivírus de empresas estrangeiras, aumentando a geração de renda e empregos de qualidade no Brasil.

Para que se tenha ideia da otimização do gasto público proporcionada por esse projeto, a fornecedora anterior de antivírus para o Exército cobrou, aproximadamente, trezentos mil reais por menos de trinta e oito mil licenças de antivírus com validade de dois anos[324]. Logo, cada licença de dois anos teve um custo médio de quase oito reais. Se fossem compradas sessenta mil licenças (número inicial de máquinas em que se instalou o antivírus brasileiro) pelo mesmo valor unitário, o investimento seria de quase meio milhão de reais, evidenciando, assim, a economicidade do projeto, que não chegou a oitocentos mil reais e, ainda, garantiu ao Exército os direitos de propriedade intelectual do programa, podendo oferecer licença de uso a quem lhe aprouver.

Para evidenciar os gastos governamentais com *software* antivírus, a Receita Federal adquiriu, por meio do pregão eletrônico 17/2014, válido até dezembro de 2015, doze mil licenças do antivírus *Symantec* ao preço unitário de cento e noventa e nove reais, perfazendo um total de dois milhões, trezentos e oitenta e oito mil reais de investimento. O objeto do pregão foi um registro de preços para a complementação de uma solução preexistente integrada de segurança composta dos pacotes *Symantec Protection Suite Enterprise Edition for Endpoints 4.0* e *Symantec Antivírus For Network Attached Storage 5.2*, ou a última versão disponível à época da contratação, com implantação, suporte e treinamento de duas turmas de 11 pessoas[325].

Naturalmente, a Receita Federal não pode se arriscar nas suas relevantes atividades cotidianas, levando-se em conta que o volume de ameaças sofridas diariamente pode causar enorme prejuízo à arrecadação da União. No entanto, parcerias poderiam ser viabilizadas para o desenvolvimento de um antivírus eficaz, totalmente nacional, de for-

---

321. CONVERGÊNCIA DIGITAL. *Governo garante propriedade intelectual de antivírus nacional*. Disponível em: < https://bit.ly/2xAL16E >. Acesso em: 2 ago. 2015.
322. Ibidem.
323. FERRER, Rafael. Op..cit.
324. REDAÇÃO LINHA DEFENSIVA Op. cit.
325. PREGÃO ELETRÔNICO DA RECEITA FEDERAL (RFB/COPOL) nº 17/2014 e seu respectivo Edital. Pregão disponível mediante busca em: <www.comprasnet.gov.br>. Acesso em: 10 ago. 2015.

ma paralela à contratação citada. A seguir, são elencadas outras compras públicas que, também, tiveram por objeto a proteção de sistemas informáticos, evidenciando o alto volume de recursos públicos empregados e a possibilidade de resultados mais relevantes mediante atuação sinérgica de órgãos estatais.

A Prefeitura de Osasco (SP) planejou a aquisição de licenças de uso de *softwares* antivírus, filtragem de acesso *web*, treinamento e suporte. A licitação 21, de 2014, foi orçada em quase um milhão de reais. Estava embutido no custo um suporte técnico 5x8 (dias úteis no horário de expediente da prefeitura), implementação e treinamento para administração da plataforma, inclusive desinstalando soluções antigas[326].

A Secretaria de Administração do Ministério Público Federal previu a contratação de empresa para fornecimento de até sete mil novas licenças do *software* antivírus *TrendMicro Enterprise Security for EndPoints Advanced* e do *software TrendMicro Mobile Security* em suas versões mais recentes, com prestação de suporte técnico continuado e garantia de atualização de versão de até quase dezenove mil licenças já adquiridas. Para tanto, previu um gasto de seiscentos e vinte e três mil reais[327].

A Universidade Tecnológica Federal do Paraná planejou a aquisição de solução de *software* para proteção completa corporativa contra vírus e códigos maliciosos por 12 meses com um detalhe interessante: contemplando o controle de dispositivos e aplicações, controle de acesso, além de apoio na instalação e transferência de tecnologia. A previsão era comprar oito mil licenças a um custo unitário de trinta e seis reais[328]. Numa leitura mais atenta do edital, percebe-se que o que a ementa chama de transferência de tecnologia é, na verdade, mera transferência de conhecimento operacional, pois aborda tópicos relativos a treinamento de uso e operação de funcionalidades básicas do *software*, a ser ministrado por profissional com certificado pelo fabricante da solução e com distribuição de material didático.

Por sua vez, o Instituto Federal de Educação, Ciência e Tecnologia de Santa Catarina (IFSC) planejou a aquisição de licenças (perpétuas) de solução de segurança corporativa (antivírus) para seus *campi* e reitoria, com validade de licenciamento e atualização pelo período de 36 meses. No edital estava incluso um suporte remoto 8x5, mas com visita pessoal em hipóteses em que o IFSC entendesse necessário, com atendimento em até

---

326. PREGÃO ELETRÔNICO nº 021/2014, da Secretaria de Administração da Prefeitura do Município de Osasco e seu respectivo edital. Pregão disponível mediante busca em: <www.comprasnet.gov.br>. Acesso em: 10 ago. 2015.
327. PREGÃO ELETRÔNICO DA PROCURADORIA GERAL DA REPÚBLICA nº 161/2014 e seu respectivo edital. Pregão disponível mediante busca em: <www.comprasnet.gov.br>. Acesso em: 10 ago. 2015.
328. PREGÃO ELETRÔNICO DA UNIVERSIDADE TECNOLÓGICA FEDERAL DO PARANÁ (SRP) nº 22/2014 e seu respectivo edital. Pregão disponível mediante busca em: <www.comprasnet.gov.br>. Acesso em: 10 ago. 2015.

oito horas úteis nos casos de indisponibilidade do serviço[329]. Uma licença perpétua, se mantida estagnada, tende a contribuir pouco com a inovação, em um setor globalizado e de constantes transformações tecnológicas. Muito diverso seria o desenvolvimento de um *software* próprio em contínua evolução.

4.3.1. Tecnologias desejáveis ao êxito no pugilato cibernético

O contrato firmado entre o Exército e a empresa Bluepex Controle e Segurança, mencionado no item anterior, tinha a finalidade de desenvolver um programa contra códigos maliciosos, um *software antimalware*[330]. *Malware* deriva do termo *malicious software*: programa que tem por finalidade infiltrar-se em sistema de computador alheio com a intenção de causar efeitos danosos, tais como: perda de confidencialidade, integridade, utilidade, disponibilidade, autenticidade e posse de dados[331]. A decisão apoiou-se em diversos argumentos e considerou que a entidade contratante era uma Instituição Científica, Tecnológica e de Inovação (ICT) do Exército. A Lei nº 10.973, de 2004, que dispõe acerca de incentivos à inovação e à pesquisa científica e tecnológica no ambiente produtivo, passou a prever, em 2016, em seu art. 2º, V, que a ICT é um órgão ou uma entidade da administração pública direta ou indireta ou pessoa jurídica de direito privado, sem fins lucrativos, que tenha por finalidade a pesquisa básica ou aplicada de caráter científico ou tecnológico ou o desenvolvimento de novos produtos, serviços ou processos.

Outro forte argumento era a inexistência, à época, de um *software* nacional de código-fonte aberto e gratuito que atendesse à demanda da força terrestre. Nesse sentido, a END aponta para a necessidade de desenvolvimento de tecnologia genuinamente nacional e de fomento à base industrial de defesa. Além da injeção de recursos decorrente da aquisição, previu-se um acréscimo tecnológico na indústria nacional e a consequente transferência de conhecimento para o Exército, capacitando recursos humanos no Brasil em sentido amplo e, em sentido estrito, na empresa contratada e na administração pública. Buscou-se o desenvolvimento de atitudes, conhecimentos e habilidades, para prover uma solução integrada contra potenciais ameaças, a partir da dotação orçamentária do Departamento de Ciência e Tecnologia do Exército[332]. Trata-se da transferência de conhecimentos que agregam valor a inovações decorrentes de necessidades, localmente, identificadas.

---

329. PREGÃO ELETRÔNICO POR REGISTRO DE PREÇOS nº 134/2014 do Instituto Federal de Educação, Ciência e Tecnologia de Santa Catarina e seu respectivo Edital. Pregão disponível mediante busca em: <www.comprasnet.gov.br>. Acesso em: 10 ago. 2015.
330. PREGÃO ELETRÔNICO SPR Nº 31/2011 – Base Administrativa do CComGEx.
331. Informações presentes na estratégia de contratação do *software*, referente ao Pregão Eletrônico SPR nº 31/2011 – Base Administrativa do CComGEx.
332. Argumentos extraídos da Memória para a Decisão referente à aquisição, referente ao Pregão Eletrônico SPR Nº 31/2011 – Base Administrativa do CComGEx.

Até então, os *softwares* eram, tradicionalmente, adquiridos de empresas transnacionais que possuíam código-fonte proprietário. Acresce-se a isso o fato de não se poder garantir a maneira como as informações eram tratadas ou utilizadas por esses fornecedores dos *softwares*. Isso acontece porque, às vezes, as soluções são invasivas, possuindo acesso integral a dados que trafegam nas redes protegidas por elas[333].

Uma solução própria ou de uma empresa parceira permite auditar o código-fonte do *software* e garantir o sigilo das informações e dos dados que trafegam pelo programa. Além disso, auxilia o desenvolvimento da indústria nacional – não só de defesa –, da tecnologia nacional e gera empregos de qualidade e renda decorrente de uma melhor qualificação pessoal.

Previamente ao processo licitatório, verificou-se a viabilidade da contratação, o plano de sustentação do projeto e fez-se a análise de risco. Foram enumerados requisitos a serem atendidos, dos quais se pode destacar a obrigatoriedade de transferência de tecnologia para o Exército Brasileiro. Frise-se que, na hipótese em estudo, segundo o modelo adotado, a norma prevê que a propriedade intelectual e todos os direitos decorrentes são reservados ao contratante. No entanto, a expertise permanece com os técnicos da empresa contratada que trabalharam no projeto.

O Exército, por sua vez, pôde aproveitar a propriedade intelectual adquirida para melhorar seus processos, como, também, contribuir com outros órgãos públicos e demais necessidades da sociedade carentes da tecnologia adquirida.

A contratação previa, ainda, que a desenvolvedora da solução fosse sediada no Brasil e que a mantivesse no País. Militares designados pelo Exército tiveram acesso irrestrito a todos os processos durante todo o período de vigência do contrato[334].

Para o Exército, a contratação permitiu maior confiança no trato das informações, por meio do uso de uma solução de código aberto e completamente conhecida, funcionando de forma integrada ou isolada. Outra segurança foi colocada no edital: a empresa precisou demonstrar, por meio de atestados, a capacidade técnica para cumprir a tarefa a ela confiada, como condição da vitória no certame, além de sujeição a termo de confidencialidade com relação à tecnologia desenvolvida para a força terrestre. A empresa sujeitou-se a fiscalização compatível com a natureza da contratação e a penalidades por eventuais inadimplementos, e ministrou curso de capacitação para análise de *malware*, com fornecimento de manuais técnicos em português e carga horária mínima definida.

---

333. Argumentos retratados na oficialização da demanda do *software* analisado (DOD), referente ao Pregão Eletrônico SPR Nº 31/2011 – Base Administrativa do CComGEx.
334. Informações retiradas da Estratégia de Contratação do *software*, referente ao Pregão Eletrônico SPR Nº 31/2011 – Base Administrativa do CComGEx.

Também foram exigidos: plano de trabalho, plano de projeto executivo, plano de mobilização, cronograma macro com atividades detalhadas desde seu planejamento e com controle de mudanças[335].

Tanto o caso de fomento do antivírus brasileiro, como o simulador de guerra cibernética foram eficientes para os objetivos pensados de fomento e proteção. Em que pese o risco assumido pelo Estado, nos modelos em análise, as empresas contratadas assumiram parte do risco, pois se obrigaram a entregar um produto, tanto em um caso como em outro.

4.3.2. Oportunidades decorrentes do investimento realizado

O projeto de desenvolvimento do antivírus brasileiro deixou um legado que convém destacarmos. O projeto deu condições à empresa executante de contratar profissionais com formação técnica ou superior. Aos que já eram funcionários da empresa previamente, o projeto preservou seus empregos, aumentou sua experiência e seu conhecimento técnico. Certamente, os profissionais continuaram utilizando os novos conhecimentos apreendidos em projetos futuros. O aumento do fluxo de caixa e a presença de novos profissionais em uma empresa têm o condão de instigar o empreendedor a continuar investindo nas pessoas contratadas, as quais podem contribuir em outros empreendimentos. Funcionários com conhecimentos mais profundos e atuais têm maior chance de continuar empregados nessa ou em outra empresa. Ao fim e ao cabo, projetos dessa espécie oferecem geração de conhecimento para a empresa e para o Brasil.

Concluo que o clássico tripé da inovação, bem como o modelo da tripla hélice, é útil para fomentar a pesquisa, potencializando o lucro da empresa a partir do investimento estatal. Assumindo algum risco – como por meio de uma compra pública ordinária –, o Estado pode favorecer a sociedade ao capitalizar empresas inovadoras e, ainda que de forma indireta, o meio acadêmico. Nessa hipótese, cabe às universidades o papel de formar mão de obra qualificada, compatível com as necessidades do mercado.

A depender das necessidades do empreendedor, haverá, por vezes, necessidade de investimento por parte da empresa, com a finalidade de aprimorar o capital intelectual de seus funcionários. As dificuldades típicas de um país em desenvolvimento comparam-se às situações de crise; por consequência, é preciso reagir à crise (econômica, energética, ambiental, tecnológica), a qual passa a funcionar como verdadeira locomotiva da inovação[336].

---

335. Conforme Documento de Relacionamento atinente ao projeto, referente ao Pregão Eletrônico SPR nº 31/2011 – Base Administrativa do CComGEx.
336. MARZANO, Stefano; ARGANTE, Enzo. *Domare La Tecnologia*. Roma: Salerno Editrice, 2009, p. 19.

4.3.3. Do fomento à inovação na defesa

Para entender de que forma ocorre o custeio de um projeto, convém retomar alguns conceitos. A licitação é um procedimento administrativo utilizado pelas pessoas indicadas pela lei com o objetivo de selecionar a proposta mais adequada para a celebração de um contrato, por meio de critérios objetivos e impessoais. De acordo com o art. 3º da Lei de Licitações e Contratos (Lei nº 8.666, de 1993), o procedimento licitatório visa selecionar, de forma isonômica, a proposta mais vantajosa para a administração pública. Outro objetivo é promover o desenvolvimento nacional sustentável, conforme o Decreto nº 7.746, de 2012[337].

A competitividade, a isonomia, a vinculação ao instrumento convocatório, o procedimento formal e o julgamento objetivo são princípios que regem a licitação[338]. No contexto de produtos de defesa e inovação voltada para a defesa, não se pode olvidar dos conceitos e princípios preconizados pela Lei nº 12.598, de 2012, a qual estabelece normas especiais para compras, contratações e desenvolvimento de produtos e sistemas de defesa. A referida lei dispõe, também, a respeito de regras de incentivo à área estratégica de defesa.

A Lei nº 12.598, de 2012, dá destaque aos conceitos de produto de defesa (PRODE), produto estratégico de defesa (PED) e empresa estratégica de defesa (EED)[339]. A partir da

---

337. OLIVEIRA, Carvalho Rezende Oliveira. *Licitações e contratos administrativos*: teoria e prática. 3. ed. Rio de Janeiro: Forense; São Paulo: Método, 2014, p. 25.
338. Ibidem, p. 28-34.
339. "Art. 2º Para os efeitos desta lei, são considerados:
I - Produto de Defesa – PRODE – todo bem, serviço, obra ou informação, inclusive armamentos, munições, meios de transporte e de comunicações, fardamentos e materiais de uso individual e coletivo utilizados nas atividades finalísticas de defesa, com exceção daqueles de uso administrativo;
II - Produto Estratégico de Defesa – PED – todo PRODE que, pelo conteúdo tecnológico, pela dificuldade de obtenção ou pela imprescindibilidade, seja de interesse estratégico para a defesa nacional, tais como:
a) recursos bélicos navais, terrestres e aeroespaciais;
b) serviços técnicos especializados na área de projetos, pesquisas e desenvolvimento científico e tecnológico;
c) equipamentos e serviços técnicos especializados para as áreas de informação e de inteligência;
III - Sistema de Defesa – SD – conjunto inter-relacionado ou interativo de PRODE que atenda a uma finalidade específica;
IV - Empresa Estratégica de Defesa – EED – toda pessoa jurídica credenciada pelo Ministério da Defesa mediante o atendimento cumulativo das seguintes condições:
a) ter como finalidade, em seu objeto social, a realização ou condução de atividades de pesquisa, projeto, desenvolvimento, industrialização, prestação dos serviços referidos no art. 10, produção, reparo, conservação, revisão, conversão, modernização ou manutenção de PED no País, incluídas a venda e a revenda somente quando integradas às atividades industriais supracitadas;
b) ter no País a sede, a sua administração e o estabelecimento industrial, equiparado a industrial ou prestador de serviço;
c) dispor, no País, de comprovado conhecimento científico ou tecnológico próprio ou complementado por acordos de parceria com Instituição Científica e Tecnológica para realização de atividades conjuntas de pesquisa científica e tecnológica e desenvolvimento de tecnologia, produto ou processo, relacionado à atividade desenvolvida, observado o disposto no inciso X do *caput*;

análise dessa norma, conclui-se que investir em EED é diferente de investir em indústria nacional. Para receber o título de empresa estratégica de defesa, é necessário, cumulativamente, dentre outras coisas, ter sede, administração e estabelecimento no Brasil; dispor de conhecimento científico ou tecnológico próprio ou complementado por acordos de parceria, tudo no Brasil; controladores majoritariamente brasileiros. Essas exigências fazem muita diferença quando se trata de garantir a segurança do País.

A prestação de serviços, bem como a execução de obras, pressupõe a elaboração de projetos básico e executivo (art. 6º, IX e X, da Lei nº 8.666), que devem estabelecer, de forma clara e precisa, todos os aspectos econômicos e técnicos do objeto a ser contratado. As principais exigências estão elencadas no art. 7º, §2º, da Lei de licitações e contratos. No entanto, a depender do projeto, podem existir outras exigências, como um estudo de impacto ambiental.

A regra da contratação pública é a licitação, mas ela pode ser dispensada ou inexigível, consoante os arts. 24 e 25 da Lei nº 8.666. A inexigibilidade de licitação pressupõe inviabilidade de competição. Algumas das hipóteses de contratação direta (sem licitação) estão relacionadas com o conteúdo tecnológico, como é o caso da aquisição de bens ou serviços que envolvam alta complexidade tecnológica e defesa nacional (art. 24, XXVIII, da Lei 8.666). Jorge Ulisses Jacoby Fernandes[340] aborda, de maneira abrangente, a contratação direta em hipóteses de incentivo à inovação e à pesquisa científica e tecnológica no ambiente produtivo.

Conforme disposto no art. 3º da Lei nº 10.973, com redação alterada em 2016, todos os entes federativos do Estado podem estimular e apoiar a constituição de alianças estratégicas e o desenvolvimento de projetos de cooperação visando à geração de produtos, processos e serviços para transferência e difusão de tecnologias. Essa mesma lei define o uso do poder de compra do Estado como instrumento de estímulo à inovação nas empresas, corroborando os casos apresentados de fomento à inovação no setor cibernético.

A norma legal pode ser, nesse contexto, mais um instrumento de fomento às políticas públicas de inovação, ao induzir e facilitar pesquisas inovadoras. O art. 20, da Lei nº 10.973, autoriza órgãos e entidades da administração pública a contratarem, inclusive, entidades privadas para a realização de atividades de pesquisa, desenvolvimento e inovação que envolvam risco tecnológico, visando solucionar problema técnico específico ou obtenção de produto, serviço ou processo inovador. A instrumentalização da compra pública pode materializar essa capacidade, dando incentivos à inovação no ambiente produtivo. A ideia trazida pela norma é interessante e pode produzir excelentes frutos, se bem utilizada.

---

d) assegurar, em seus atos constitutivos ou nos atos de seu controlador direto ou indireto, que o conjunto de sócios ou acionistas e grupos de sócios ou acionistas estrangeiros não possam exercer em cada assembleia geral número de votos superior a 2/3 (dois terços) do total de votos que puderem ser exercidos pelos acionistas brasileiros presentes; e

e) assegurar a continuidade produtiva no País; [...]"

340. FERNANDES, Jorge Ulisses Jacoby. *Contratação direta sem licitação*. 9 ed. Belo Horizonte: Fórum, 2012, p. 517.

Na experiência do setor cibernético apresentada, ganha a academia – pois o País teve acesso a novos conhecimentos –, ganha a indústria – pelo suporte a produtos e serviços inovadores que podem ser aperfeiçoados e vendidos, inclusive, em outros mercados – e ganha a sociedade, que, além das benesses para a indústria e para a academia, passou a ter acesso a serviços estatais aperfeiçoados. No Brasil, a segurança cibernética propiciada por tecnologia nacional tende a crescer em virtude dos investimentos públicos.

Percebe-se que o fomento poderia ser maior, com lucros mais expressivos para a sociedade. Neste capítulo, foram citados alguns poucos exemplos de órgãos públicos que investiram em segurança cibernética a partir de compras de soluções desenvolvidas em outros países, o que redunda em algumas vulnerabilidades que podem ser mitigadas. Por outro lado, a compra pública, se utilizada para fomentar o desenvolvimento tecnológico e a inovação, pode gerar resultados positivos a médio e longo prazo. No exemplo do antivírus brasileiro, o projeto custeou o desenvolvimento de um *software* nacional com recursos que seriam suficientes para comprar licenças de programas por apenas três anos, considerando compras anteriores ou semelhantes. Mediante o emprego de recursos de outros setores da administração pública, o retorno em inovação poderia ser muito mais significativo.

CONCLUSÃO

Buscou-se retratar alguns riscos inerentes ao uso de redes de computadores e os enormes impactos que eles podem causar no atual contexto social. Tais riscos ameaçam o Estado – entendido como estrutura formada pela comunidade como instrumento de aperfeiçoamento da convivência social – bem como ameaçam cada indivíduo diante da privação de serviços públicos ou da limitação ou mesmo impedimento do exercício de direitos fundamentais.

Os impactos potenciais desses riscos não estão limitados às pessoas físicas e às instituições de Estado. Eles podem atingir, de forma bastante intensa, pessoas jurídicas de direito público ou privado. Quando instituições de Estado ou empresas privadas são injustamente ameaçadas, perde, também, a sociedade, que se beneficia, indiretamente, do sucesso daquelas. Por isso, aumenta a importância de se aprimorar a defesa cibernética.

Quando se enfrentam soluções que dependem da segurança cibernética, o remédio indicado deve ser bem dosado, a fim de que sejam evitadas reações adversas. Restringir as reações indesejadas é consequência da dosagem e da forma como o remédio é utilizado. O fato é que a defesa cibernética impõe necessidade de vigilância, e a vigilância contínua pode impactar, inclusive, a privacidade dos indivíduos que são favorecidos pela segurança cibernética eficaz, seja pessoas físicas, seja jurídicas. Trata-se, ainda, de um remédio que deve ser manipulado e utilizado com redobrada cautela nas hipóteses em que o Estado esteja, excessivamente, aparelhado por forças de governo. Espera-se que o pugilato cibernético atue em favor da sociedade e do Estado que a serve, e não em favor de um governo ou grupo político.

Almeja-se que, a cada pessoa sob a égide constitucional, seja dado o direito de viver e todas as demais garantias fundamentais. O *caput* do art. 5º da Constituição da República de 1988 assegura o direito à vida. No inciso X do mesmo artigo, decorrendo, pois, do *caput*, é assegurado o direito à intimidade e à vida privada.

O direito à privacidade é uma conquista civilizatória e não se questiona a necessidade de que um direito de tal magnitude seja preservado em qualquer Estado Democrático de Direito. No entanto, por vezes, tal direito deve ser sobrepesado com a necessidade de que sejam protegidos outros direitos não menos importantes, a exemplo do próprio direito à vida. Em outras palavras, não faria sentido preservar a privacidade se, para tanto, o direito à vida fosse colocado em risco.

Em algumas circunstâncias, será razoável e proporcional abdicar, em algum grau, da privacidade em favor da segurança cibernética. Enumerar tais circunstâncias irá proporcionar, aos profissionais que trabalham com o pugilato cibernético, a segurança jurídica necessária para que seja oferecido à sociedade exatamente o produto que ela deseja, considerando o risco que essa mesma comunidade decidiu correr, conhecendo todo o contexto e elementos envolvidos.

A partir da interpretação constitucional, o pugilato cibernético deve defender a vida em detrimento até mesmo do direito à privacidade. Ademais, a escolha do grau de preservação da privacidade deve considerar a realidade fática da vigilância permitida e da efetivamente realizada em decorrência da legislação dos outros países do mundo, haja vista que a internet não respeita fronteiras.

O ambiente cibernético possui dimensão transnacional e iniciativas como o *Freedom Act* e o *Patriotic Act* norte-americanos podem refletir em todas as nações. É importante a consciência de que as discussões e o conhecimento do tema no Brasil estão ainda incipientes. Trata-se de algo presente na vida de todos hoje em dia e os problemas precisam ser enfrentados.

Pesquisadores da agência estadunidense CIA trabalharam, por quase dez anos, no intuito de quebrar a segurança dos dispositivos da Apple, por meio de *backdoors* em programas distribuídos pela Apple Store[341]. Atualmente, há um suposto desentendimento entre o FBI e a Apple em virtude da intenção do FBI em inserir um *backdoor* no sistema operacional dos aparelhos iPhone.

Ao que parece, os agentes de segurança dos Estados Unidos optaram por mitigar a privacidade em prol da segurança e do bem comum, o que entendo como factível desde que se respeitem os limites da democracia e do debate social prévio. Há de haver razoabilidade e proporcionalidade, ainda que seja uma longa discussão pública de quais seriam os limites desses dois conceitos jurídicos tão polêmicos quanto relevantes. A decisão estadunidense reflete aqui e somente mediante preparação adequada o Brasil poderá opinar a respeito do limite mais adequado a ser adotado em território nacional e como fazer para que a lei não se torne letra morta.

Os representantes do Estado aptos a conduzir a defesa cibernética em favor dos cidadãos tendem a não invadir a privacidade alheia até que haja normas que o determinem. Se a escolha da sociedade privilegiar a segurança informática, admitindo-se mitigar a privacidade para combater aberrações como o terrorismo, essa vontade deve estar ex-

---

341. REUTERS. CIA *tentou hackear iPhones desde os primeiros dias do aparelho, diz site*. Disponível em: < https://bit.ly/2NsJOJn >. Acesso em: 10/3/2015.

pressa a partir da regulação da conduta daqueles agentes públicos, sujeitos ao princípio da legalidade estrita.

Relembro que decisões similares em todos os países do Globo refletem no Brasil. A tecnologia aumenta a velocidade com que as mudanças no contexto internacional impactam os sistemas normativos domésticos. Em razão disso, não será simples fazer com que uma norma seja realmente adequada às condutas esperadas do agente público. Contudo, a sociedade pode eleger preceitos de política pública setorial, direcionando a produção de regramentos viáveis[342].

Quando os escândalos de vazamento das práticas do serviço secreto de informações dos EUA vieram a público, foi minada a confiança das pessoas acerca do respeito à privacidade, inclusive de países aliados[343]. Some-se a isso a possibilidade de terrorismo a partir de condutas no ciberespaço. A partir daqueles episódios, o pugilato cibernético passou a revestir-se de grande importância social, devendo se sujeitar à lei, já que ele é um importante instrumento técnico a serviço do Estado para dar efetividade à lei.

A regulação do pugilato cibernético, quando dá margem a diferentes interpretações, acaba por inviabilizar, na prática, a adequada condução das atividades de defesa cibernética pelos profissionais especializados, haja vista que o profissional que milita na área almeja que seu trabalho esteja inquestionavelmente dentro da legalidade. Sendo assim, a regulação adequada fará valer a vontade da sociedade, também, pelo aumento da segurança jurídica dos cidadãos e de profissionais que atuam em área tão sensível.

A defesa cibernética pode trazer benefícios sociais, especialmente no caso brasileiro, haja vista que o País é considerado relativamente vulnerável a ataques cibernéticos por especialistas do setor. O desenvolvimento econômico mediano, naturalmente, tem estimulado certa dependência dos meios informáticos ligados em rede. Por consequência, a proteção de redes de computadores acaba por resguardar interesses econômicos e sociais.

A sensação de segurança na vida em sociedade está, intrinsecamente, ligada à prestação de serviços pelo Estado, uma vez que esse possui, em regra, o monopólio do uso da força. Existe uma preocupação – a qual diminui com o amadurecimento da democracia – de como as forças políticas que governam o Estado usarão os dados e instrumentos de controle disponíveis. Com o desenvolvimento do Estado Democrático de Direito, as forças de segurança atuarão sempre em sinergia com a ordem legal, que representa, em última análise, a vontade social.

---

342. ARANHA, Marcio Iório. *Manual de Direito Regulatório*: Fundamentos de Direito Regulatório. 2 ed. Coleford, UK: Laccademia Publishing, 2014, p 41-42.
343. *Ibidem*, p. 162.

O direito à privacidade e outras conquistas civilizatórias, como os demais direitos fundamentais, devem ser preservados. A defesa cibernética pode ser uma ferramenta de preservação da privacidade em sentido amplo, pela efetividade que pode conferir à ordem jurídica em ambiente hostil. Nesse ponto, há certa contradição: a mesma defesa cibernética que pode proteger a privacidade deve relativizá-la para que seja eficaz.

A privacidade de cidadãos, empresas e agentes públicos brasileiros já vem sendo mitigada, como já foi evidenciado. A população parece ignorar ou admitir riscos contra sua privacidade em troca de segurança ou mesmo ao aceitar as facilidades oferecidas pelos modernos equipamentos informáticos ligados em rede e serviços nele disponibilizados. Diversos são os serviços *online* que recebem o consentimento dos usuários – mesmo que por ignorância – para ter acesso a diversas informações pessoais, a despeito dos riscos que tais hábitos acarretam para a privacidade.

De forma pragmática, a comunidade deve considerar que a defesa cibernética traz riscos e segurança concomitantemente. O segredo está no equilíbrio. Os riscos que a defesa cibernética oferece já são, aparentemente, assumidos pela maior parte das pessoas no dia a dia, ao tornarem públicos diversos fatos da sua vida privada. No que tange ao pugilato cibernético, porém esses riscos não foram assumidos de forma expressa ou mesmo consciente. Em outras palavras, quase todo o risco intrínseco à defesa cibernética eficaz já faz parte da vida das pessoas, que os admitem para que sejam cumpridos outros objetivos pessoais: desde a comodidade de pedir comida para ser entregue em casa até a facilidade de receber anúncios relacionados com suas intenções de consumo. Além desses, outros tantos propósitos citados ao longo deste livro já serviram à mitigação da privacidade na rede.

Ainda no que tange à privacidade, a Comissão Europeia aconselhou seus cidadãos a deixarem de usar o Facebook em virtude de preocupação com dados pessoais postados na internet[344]. A Comissão Europeia concluiu de forma convergente ao que viemos argumentando: a legislação local não tem como garantir a proteção dos dados vinculados a um serviço estrangeiro, a despeito de existir uma norma europeia que proíbe o envio de dados de usuários para os Estados Unidos. Além disso, destaca-se que há representações contra a Apple, Facebook, Microsoft, Skype e Yahoo no Tribunal Europeu de Justiça, em Luxemburgo, por motivos atinentes à violação de privacidade.

Por certo, a sociedade deve debater se o aprimoramento da segurança cibernética mitigará a privacidade das pessoas mais do que já está mitigada. Em caso afirmativo, é imprescindível oferecer segurança jurídica aos profissionais que atuam nesta área. O

---

344. INFOMONEY. *Comissão Europeia aconselha cidadãos a deixarem o Facebook*. Disponível em: < https://bit.ly/1Hdf8xU >. Acesso em: 28 mar. 2015.

importante é que trabalhem em proveito da sociedade, consoante os limites legais estabelecidos conscientemente a partir de debate social, considerando os riscos envolvidos.

O debate social deve ressaltar que até mesmo riscos políticos devem ser considerados, pelo simples fato de que vigilância da rede pode impor novas vulnerabilidades, caso as informações coletadas sejam utilizadas de forma irresponsável por autoridades públicas.

É lamentável que muitos dados que poderiam ser utilizados para garantir a segurança das pessoas já tenham sido coletados para fins comerciais. Para agravar mais a situação, destaca-se que esses dados, também, têm sido coletados por outros Estados com foco no pugilato cibernético. Ao analisar ameaças de vigilância contra empresas nacionais, devemos considerar a necessidade de outros Estados e suas empresas (na hipótese de vigilância estrangeira) de proteger seus próprios investimentos. A possibilidade de espionagem industrial, ao menos potencialmente, empobrece o Brasil e deteriora a economia doméstica.

Também é de grande relevância combater o terrorismo e usar racionalmente as modernas tecnologias. Porém, a privacidade deve ser preservada em alguma medida, pois se trata de uma das conquistas civilizatórias. Não parece justo ou ético que governos condicionem seus cidadãos a abdicar dessa garantia, devendo haver um equilíbrio entre a necessidade e o direito que ela relativiza.

Faz-se mister entender que, no mundo dos negócios, não existe prestação de serviço gratuito: paga-se por ele de uma forma ou de outra, tanto no mundo físico, quanto no virtual. A segurança, também, tem um preço: a norma e sua interpretação devem materializar a vontade social, no limite da razoabilidade, proporcionalidade e outros valores jurídicos e democráticos consagrados.

Ratificando a afirmação de Popper[345], não existe liberdade que não seja garantida pelo Estado. Assim sendo, o Estado precisa valer-se do pugilato cibernético em momentos primordiais para garantir a soberania, haja vista que a sociedade pode estar ameaçada concretamente em razão de ataques no ciberespaço. Para tanto, deve-se investir em tecnologias, capacitação técnica de pessoal e regulação jurídica do ambiente cibernético.

A cooperação entre atores internacionais é importante, mas, uma vez que a expressão militar é indispensável, deve-se buscar a preparação adequada para o pugilato cibernético, necessário sobremaneira em situações de adversidade e crise. Ressalto que uma ameaça virtual relevante pode partir de pessoas comuns com conhecimentos adequados

---

345. POPPER, Karl. As Aventuras da Racionalidade. (Org.) PEREIRA, Júlio César R. Porto Alegre: EDIPUCRS, 1995, p. 140 e 141.

de rede de computadores, não necessariamente de Estados oponentes. Essa característica faz crescer a importância do pugilato cibernético.

No que tange à regulação, os agentes públicos que labutam com o pugilato cibernético terão seus resultados potencializados se souberem, claramente, os limites de atuação. Quando os limites não são claros, é natural que os profissionais optem por afastar-se de riscos, evitando adentrar no que pode estar além de sua competência ou dever legal. A despeito da importância da regulação, ressalta-se que, mediante investimentos adequados, a defesa cibernética pode oferecer para a sociedade algo que nem mesmo a norma conseguiria atualmente, em razão dos limites físicos da atuação do Judiciário, inexistentes em ambiente virtual: a tutela a bens caros à sociedade e ao Estado brasileiro. Dessa forma, a democracia será reforçada e realimentada.

Leis como a nº 12.737, de 2012 – que tipifica delitos informáticos – e a nº 12.964, de 2014 – que estabelece princípios, garantias, direitos e deveres para o uso da internet no Brasil – indicam a regulação do tema. Nesse contexto, os legados do *Livro Verde* e do *Livro Branco de Defesa Nacional* ganham importância para debates futuros a respeito da regulação do setor. Porém, nas oportunidades em que a norma, por qualquer motivo, não conseguir produzir os efeitos esperados por si só, as técnicas de pugilato cibernético poderão assegurar os bens jurídicos mais essenciais.

O pugilato cibernético eficiente depende de investimentos em capacitação e tecnologia. Países centrais realizam investimentos expressivos com foco no processamento e na análise de dados interceptados, como o projeto Echelon e outros citados por Snowden ou pelo *site* Wikileaks. A "filosofia da interceptação" retratada pelos italianos Boatti e Tavaroli é bastante presente e a eficácia da defesa depende de inovação contínua.

Na presente obra, buscou-se, também, demonstrar possibilidades de fomento à inovação a partir de conceitos já experimentados. Destaco o modelo da tripla hélice, o qual evidencia o papel do Estado fomentando inovação a partir da convergência de recursos em projetos que integrem o setor industrial e o meio acadêmico.

Na esteira da inovação, o meio acadêmico possui a função de formação de pessoal, difusão do conhecimento, pesquisa, aperfeiçoamento dos talentos humanos. Apoiada na academia, a indústria poderá inovar a partir de seu *know-how*, agregando valor a produtos que foram pesquisados com escopo inicial de atender necessidades da comunidade, mas que acabam beneficiando a própria indústria, que irá lucrar com o sucesso dos produtos inovadores. Esses resultados são potencializados quando, a partir da inovação, são gerados produtos competitivos no mercado internacional, o que rende frutos para a sociedade que compartilhou os riscos de geração da inovação tecnológica, melhorando as receitas do Estado.

Constata-se que a inovação tecnológica agrega valor não somente aos produtos, mas, também, ao trabalho daqueles que laboram em setores inovadores. A inovação fomenta, por meio do desenvolvimento cognitivo e tecnológico, a exportação, o emprego, a capacitação e a economia.

O processo da inovação não é abrupto. Ele possui fases bem definidas que devem ser vencidas com perspicácia e estratégia. A Coreia do Sul começou a implementar sua estratégia a partir dos anos 1960, e, somente em 1972, passou a fomentar a exportação de produtos com alguma tecnologia agregada. Logo, vê-se que são necessárias políticas de Estado – e não de governo – para que se efetivem as mudanças necessárias.

Investimentos estatais em inovação tecnológica têm propiciado, em sentido mais amplo, qualidade de vida para a sociedade e, em sentido estrito, ganhos relevantes para os atores diretamente envolvidos, sobretudo em moldes semelhantes à tripla hélice. A internet, o GPS, as telas sensíveis ao toque e os comandos por voz são exemplos de inovação que corroboram o afirmado. Isso posto, concluo que é desejável investir em defesa cibernética de forma sistemática, a partir de planejamento adequado e coerente com a realidade e as necessidades nacionais.

A partir do planejamento de inovação conduzido pela Força Aérea Brasileira – que, também, fomenta P&D em escolas como o Instituto Tecnológico de Aeronáutica (ITA) –, chegou-se a um exemplo evidente de inovação: a Embraer, uma das empresas brasileiras que mais agrega valor tecnológico à sua produção e que tem lugar significativo nas exportações brasileiras. Por sua vez, o Exército Brasileiro – que, também, financia escolas de destaque no cenário nacional, como o Instituto Militar de Engenharia (IME) – destaca-se no fomento ao desenvolvimento de produtos como o carro de combate Osório, radares nacionais e sensores eletromagnéticos.

Quanto ao setor cibernético, o Exército Brasileiro vem fomentando pesquisa e desenvolvimento, sobretudo representado pelo Departamento de Ciência e Tecnologia. O antivírus brasileiro e o simulador de guerra cibernética são produtos inovadores resultantes de investimentos estatais e que contribuem com a sociedade de maneira geral. Além do acréscimo no nível de segurança, hoje o País detém tecnologias que podem ser utilizadas na prestação de outros serviços em redes informáticas, melhorando a qualidade dos produtos relacionados e estimulando novas fontes de receitas para o Estado. Esses dois exemplos revelam que diversos podem ser os benefícios dessa sinergia.

As leis são importantes instrumentos de políticas públicas de inovação, pois podem induzir e facilitar as pesquisas que resultem em inovações. Além da pesquisa e do desenvolvimento, as políticas de inovação tornam-se efetivas a partir de compras públicas. Nesse aspecto, já existe a possibilidade de contratação direta (sem licitação) em hipóteses de incentivos à inovação no ambiente produtivo e pelo estímulo e apoio a ações estratégicas que fomentem a inovação, estimulando o desenvolvimento tecnológico e a inovação.

Quando a ameaça cibernética bate à porta, o ideal é que se tenha tecnologia própria ou se confie em produtos desenvolvidos por países aliados. Por isso, é vantajoso investir em pesquisa e desenvolvimento. As normas, que materializam políticas públicas, podem ser aperfeiçoadas e fomentar, ainda mais, investimentos estatais em projetos de uso dual (emprego militar e civil). Um caminho, para tanto, é o investimento em inovação a partir da indústria de defesa, fazendo uso dos conceitos de empresa estratégica de defesa e de produto de defesa, consoante a Lei nº 12.598, de 2012, a fim de garantir que os bons frutos de tais investimentos públicos revertam-se para o País.

O panorama apresentado tem se refletido na doutrina, na jurisprudência, na evolução das normas e na interpretação dessas. De fato, a privacidade tem sido mitigada, atualmente, em função das necessidades sociais típicas da era da internet, mediante riscos, muitas vezes, assumidos voluntariamente pelas pessoas. Instrumentos legislativos como a Lei nº 12.964, de 2014; decisões judiciais como a retratada na ADI 3.059MC / RS; e atos do Executivo, tais como o *Livro Verde – segurança cibernética no Brasil* e o *Livro Branco de Defesa Nacional*, convergem para o objetivo da sociedade brasileira de construir um Brasil cada vez mais autônomo e seguro, também, no ambiente cibernético.

Assim sendo, a comunidade caminha entre a centralidade individual – quando não abre mão de conquistas civilizatórias, como o direito à privacidade, senão na medida necessária – e a coesão social, o que acontece naturalmente pelo equilíbrio das forças na busca pelo bem comum.

REFERÊNCIAS BIBLIOGRÁFICAS

AGÊNCIA BRASIL. *Especialistas ouvidos por CPI alertam para baixa segurança da informação*. Brasília, 2013. Disponível em: <http://www.correiobraziliense.com.br/app/noticia /politica/2013/10/22/interna_politica,394706/especialistas-ouvidos-por-cpi-alertam-para-baixa seguranca-da-informacao.shtml>. Acesso em: 18 nov. 2013.

AGÊNCIA BRASIL. *Marco entre a ditadura e a democracia, constituição de 1988 completa 25 anos*. Disponível em: <http://memoria.ebc.com.br/agenciabrasil/noticia/2013-10-04/marco-entre-ditadura-e-democracia-constituicao-de-1988-completa-25-anos>. Acesso em: 30 jun. 2014.

AGÊNCIA LUSA. *China emprega 2 milhões de pessoas para controlar a internet*. Disponível em: <http://memoria.ebc.com.br/agenciabrasil/noticia/2013-10-05/china-emprega-2-milhoes-de-pessoas-para-controlar-internet/>. Acesso em: 9 ago. 2014.

AGRELA, Lucas. *Boss é o primeiro smartphone com a criptografia da rede Tor*. Disponível em: <http://info.abril.com.br/noticias/tecnologia-pessoal/2015/01/boss-e-o-primeiro-smartphone-com-a-criptografia-da-rede-tor.shtml>. Acesso em: 14 fev. 2015.

AGUILHAR, L. *A espionagem ultrapassou limites*. São Paulo, Disponível em: <http://blogs.estadao.com.br/link/a-espionagem-ultrapassou-limites/>. Acesso em 18 nov. 2013.

AGUILLAR, F. H. *Controle social de serviços públicos*. São Paulo: Max Limonad, 1999.

ALEXY, Robert. *Teoria dos direitos fundamentais*. Trad.: Virgílio Afonso da Silva. 2. ed. São Paulo: Malheiros Editores, 2008.

ÁLVARES, João Gabriel. Territorialidade e guerra cibernética: novo paradigma fronteiriço. In: *Segurança e Defesa Cibernética*: da fronteira física aos muros virtuais. Recife: UFPE, 2014.

ALVES JR., Sérgio. *Políticas nacionais de segurança cibernética*. Disponível em: <http://www.anatel.gov.br/Portal/documentos/sala_imprensa/13-12-2012--11h28min17s-Seguran%C3%A7a%20Cibern%C3%A9tica%20-%20S%C3%A9rgio%20Alves%20Jr%20-%20AIN-Anatel.pdf>. Acesso em: 26 jun. 2014.

IV SIMPÓSIO DE PÓS-GRADUAÇÃO EM RELAÇÕES INTERNACIONAIS DO PROGRAMA "SAN TIAGO DANTAS" (UNESP, UNICAMP E PUC/SP). *Anais*. Disponível em: <http://www.santiagodantasspp.locaweb.com.br/novo/images/simposio/artigo,2013/gabriela_sandroni.pdf>. Acesso em: 14 jan. 2016.

ANATEL. *Nono Dígito*. Brasília, 2012. Disponível em: <http://www.anatel.gov.br/Portal/exibirPortalNivelDois.do?codItemCanal=1746&nomeVisao=Cidad%E3o&nomeCanal=Nono%20D%EDgito&nomeItemCanal=Nono%20D%EDgito>. Acesso em: 19 fev. 2014.

ANISTIA INTERNACIONAL. *Pesquisa inédita indica preocupação dos internautas brasileiros com vigilância e privacidade na internet*. Disponível em: <https://anistia.org.br/noticias/pesquisa-inedita-indica-preocupacao-dos-internautas-brasileiros-com-vigilancia-e-privacidade-na-internet/>. Acesso em 14 fev. 2016.

APF. *Primeiro-ministro canadense deixa de seguir Homer Simpson no Twitter*. Disponível em: <http://noticias.br.msn.com/primeiro-ministro-canadense-deixa-de-seguir-homer-simpson-no-twitter-1>, consultado em 26 jun.14.

ARANHA, Márcio Iório. *Manual de Direito Regulatório*: Fundamentos de Direito Regulatório. 2 ed. Coleford, UK: Laccademia Publishing, 2014.

ARANHA, M.I.; WIMMER, M.; PIERANTI, O.P. *Direito regulatório*. Brasília: Universidade de Brasília, 2009.

BARROSO, Luís Roberto. *Curso de Direito Constitucional Contemporâneo*: os conceitos fundamentais e a construção do novo modelo. 3. ed. São Paulo: Saraiva, 2011.

BASTOS, Celso Ribeiro Bastos. *Curso de Direito Constitucional*. 21. ed. São Paulo: Saraiva, 2000.

BAUMAN, Zygmunt. *Após Snowden*: Repensando o impacto da vigilância. Disponível em: <https://revistas.ufrj.br/index.php/eco_pos/article/view/2660/2225>. Acesso em: 14 jan. 2016.

BBC. *EUA podem desligar a internet de qualquer país*, diz comitê brasileiro. Disponível em: <http://g1.globo.com/tecnologia/noticia/2015/07/eua-podem-desligar-internet-de-qualquer-pais-diz-comite-brasileiro.html>. Acesso em: 11 jul. 2015.

BECK, Ulrich. *Sobre el terrorismo y la guerra*. Barcelona: Paidós, 2003.

BERCITO, Diogo. *França reforça segurança contra terrorismo*. Portal Folha. Disponível em: <http://www1.folha.uol.com.br/mundo/2015/01/1573518-franca-reforca-seguranca-contra-terrorismo.shtml>. Acesso em: 8 fev. 2015.

BEZERRA, Arthur C.; WALTZ, Igor. *Privacidade, neutralidade e inimputabilidade da internet no Brasil*. Revista Eptic Online, p.161-175, maio/ago., 2014, vol.16, n.2.

BITTAR, Carlos Alberto. *Os direitos da personalidade*. 7. ed. Rio de Janeiro: Forense, 2008.

BOATTI, Giorgio; TAVAROLI, Giuliano. SPIE: *I servizi segreti delle multinazionali*: dossier, intercettazioni, guerre informatiche. Milano: Mondadori. 2008.

BOBBIO. Norberto. *O tempo da memória*. In: BOBBIO. Norberto. A Era dos Direitos. Rio de Janeiro: Elsevier, 2004.

BOM-DIA BRASIL. *Petrobras foi espionada pelos Estados Unidos, apontam documentos*. Disponível em: <http://globotv.globo.com/rede-globo/bom-dia-brasil/v/petrobras-foi-espionada-pelos-estados-unidos-apontam-documentos/2811481/>. Acesso em: 8 jun.14.

BONIN, R. *O Livro Bomba*. Revista Veja. São Paulo: abril, edição 2351, 2013.

BRASIL. C 34-1: *O emprego da Guerra Eletrônica*. Brasília: EGGCF, 2008.

BRASIL. Constituição (1998) *Constituição da República Federativa do Brasil de 1988*. Disponível em: <http://www.planalto.gov.br/ccivil_03/constituicao/ConstituicaoCompilado.htm>. Acesso em: 26 jan. 2016.

BRASIL. *Decreto nº 6.703, de 18 de dezembro de 2008*. Estratégia Nacional de Defesa. 2. ed. Brasília: Ministério da Defesa. 2008.

BRASIL. *Decreto n° 6.703, de 18 de dezembro de 2008*. Estratégia Nacional de Defesa. Disponível em: <http://www.planalto.gov.br/ccivil_03/_ato2007-2010/2008/Decreto/D6703.htm>. Acesso em: 26 jan. 2016.

BRASIL. *Lei n° 7.170, de 14 de dezembro de 1983*. Regula crimes contra a segurança nacional. Disponível em: <http://www.planalto.gov.br/ccivil_03/leis/L7170.htm>. Acesso em: 26 jan. 2016.

BRASIL. *Lei n° 9.296, de 24 de julho de 1996*. Regulamenta o inciso XII, parte final, do art. 5° da Constituição Federal. Disponível em: <http://www.planalto.gov.br/CCivil_03/LEIS/L9296.htm>. Acesso em: 26 jan. 2016.

BRASIL. *Lei n° 10.406, de 10 de janeiro de 2002*. Código Civil de 2012. Disponível em: <http://www.planalto.gov.br/ccivil_03/leis/2002/L10406.htm>. Acesso em: 26 jan. 2016.

BRASIL. *Lei n° 12.527, de 18 de novembro de 2011*. Regula o acesso a informações. Disponível em: <http://www.planalto.gov.br/ccivil_03/_ato2011-2014/2011/lei/l12527.htm>. Acesso em: 26 jan. 2016.

BRASIL. *Lei n° 12.737, de 30 de novembro de 2012*. Tipificação criminal de delitos informáticos. Disponível em: <http://www.planalto.gov.br/ccivil_03/_ato2011-2014/2012/lei/l12737.htm>. Acesso em: 26 jan. 2016.

BRASIL. *Lei n°12.965, de 23 de abril de 2014*. Princípios, garantias, direitos e deveres para o uso da internet no Brasil: Disponível em: <http://www.planalto.gov.br/ccivil_03/_ato2011-2014/2014/lei/l12965.htm>. Acesso em: 26 jan. 2016.

BRASIL. *Lei n° 13.260, de 16 de março de 2016*. Regulamenta o disposto no inciso XLIII do art. 5° da Constituição Federal. Lei n° 13.260/16. Disponível em: <http://www.planalto.gov.br/ccivil_03/_Ato2015-2018/2016/Lei/L13260.htm>. Acesso em: 26 jan. 2016.

BRASIL. *Livro Branco da Defesa Nacional*. Brasil, 2012.

BRASIL. *Livro verde*: segurança cibernética no Brasil. Brasília: GSIPR/SE/DSIC, 2010.

BRASIL. *Portaria Normativa n° 196/EMD/MD, de 22 de fevereiro de 2007*. MD35-G-01. 2007.

BRITTO, Carlos Ayres. Banca de qualificação de mestrado em Direito em 10 de novembro de 2015 no Centro Universitário de Brasília.

BRITTO, Carlos Ayres. *O humanismo como categoria constitucional*. Rio de Janeiro: Ed. Fórum, 2012.

BRITTO, Carlos Ayres. *O centro e a periferia de nós mesmos*. Disponível em: <http://opiniao.estadao.com.br/noticias/geral,o-centro-e-a-periferiade-nos-mesmos,10000002601>. Acesso em: 9 fev. 2016.

BRITTO, Carlos Ayres. *Teoria da Constituição*. Rio de Janeiro: Forense, 2003.

BUCCI, Maria Paula Dallari. O conceito de Política Pública em Direito. In: BUCCI, Maria Paula Dallari (Org.). *Políticas públicas*: reflexões sobre o conceito jurídico. São Paulo: Saraiva, 2006.

CAMPINHO, Sérgio. *O direito de empresa*: à luz do novo Código Civil. 13. ed. Rio de Janeiro: Renovar, 2014.

CANALTECH . *Governo britânico considera Ubuntu o sistema operacional mais seguro.* Disponível em:<http://canaltech.com.br/noticia/linux/Governo-britanico-considera-Ubuntu-o-sistema-operacional-mais-seguro/>. Acesso em: 9 ago. 2014.

CANOTILHO, J. J. Gomes, et al. *Comentários à Constituição do Brasil.* São Paulo: Saraiva/ Almedina, 2013.

CANOTILHO, José Joaquim Gomes. *Direito Constitucional e Teoria da Constituição.* 7. ed. Coimbra: Almedina, 2007.

CANOTILHO, J. J. Gomes; MOREIRA, Vital. *Fundamentos da Constituição.* Coimbra: Coimbra Editora, 1991.

CARDOSO, Atinoel Luiz. *Das pessoas jurídicas e seus aspectos legais*: Sucessão Comercial, Fundações e Associações, Direito Público e Direito Privado, Capacidade e Vontade Jurídica, Sociedade Anônima e *Holding*, Instituições e Vontade Social, Extinção da Pessoa Jurídica. São Paulo: AEA Edições Jurídicas, 1999.

CARVALHO, Caio. *Erro de computador afeta sistemas da Bolsa de Nova York, United Airlines e WSJ.* Disponível em: <http://canaltech.com.br/noticia/seguranca/erro-de-computador-afeta-sistemas-da-bolsa-de-nova-york-united-airlines-e-wsj-44789/>. Acesso em: 9 jul. 2015.

CARVALHO, Kildare Gonçalves Carvalho. *Direito Constitucional.* 13. ed. Belo Horizonte: Del Rey, 2007.

CASTELLS, Manuel. *A sociedade em rede.* Trad.: Roneide Venâncio Majer. 8. ed. São Paulo: Paz e Terra, 2005. v.1.

CASTELLS, Manuel. *Redes de indignação e esperança*: Movimentos Sociais na era da Internet. Trad.: Carlos Alberto Medeiros. São Paulo: Zahar, 2013.

CAVALIERI FILHO, Sérgio. *Programa de responsabilidade civil.* 8. ed. São Paulo: Atlas, 2008.

CHANDER, Anupam; LE, Uyen P. *Breaking the Web*: Data Localization vs. the Global Internet. Disponível em: <http://papers.ssrn.com/sol3/papers.cfm?abstract_id=2407858>. Acesso em: 9 fev. 2016.

CHEVALLIER, J. In: Ferreira, R.S.P. (Org.) *A (In)adequação dos mecanismos regulatórios setoriais aos Institutos Jurídicos de Índole Constitucional do Mercado e da Universalização de Serviços Públicos.* Brasília: Universidade de Brasília, 2009.

CLARKE, Richard A. *Cyberwar*: The Next Threat to National Security and What to do About It. New York: Ed. Ecco, 2012.

COLSON, J.; IDOUX, P. In: Ferreira, R.S.P. (Org.) *A (In)adequação dos mecanismos regulatórios setoriais aos Institutos Jurídicos de Índole Constitucional do Mercado e da Universalização de Serviços Públicos.* Brasília: Universidade de Brasília, 2009.

CONGRESSO INTERNACIONAL SOFTWARE LIVRE E GOVERNO ELETRÔNICO (V Congresso). *A favor de uma defesa ativa contra ataques cibernéticos*: Belém do Pará. Disponível em: <https://gestao.consegi.serpro.gov.br/cobertura/noticias/a-favor-de-uma-defesa-ativa-contra-ataques-ciberneticos>. Acesso em: 16 fev. 2014.

CONVERGÊNCIA DIGITAL. *Governo garante propriedade intelectual de antivírus nacional.* Disponível em: <http://tvuol.uol.com.br/video/governo-garante-propriedade-intelectual-de-antivirus-nacional-0402CC193162D4B94326/>. Acesso em: 2 ago. 2015.

CORDEIRO, Antônio Menezes. *Tratado de Direito Civil Português*: Parte Geral – Pessoas. Lisboa: Almedina, 2004, vol. 1, tomo III.

CRESPO, M.X.F. *Crimes digitais*. São Paulo: Saraiva, 2011.

CRUISE, Sinead. *HSBC says internet banking services down after cyber attack*. Disponível em: < http://www.reuters.com/article/us-hsbc-cyber-idUSKCN0V71BO>. Acesso em: 7/2/2016.

CRUZ JÚNIOR, Samuel César da. *Tecnologias e riscos*: armas cibernéticas. Brasília: IPEA, 2013.

DELEGADOS DA CONVENÇÃO DE FILADÉLFIA. *Constitution of the United States.* Disponível em: <http://www.senate.gov/civics/constitution_item/constitution.htm>. Acesso em: 7 fev. 2015.

DAMÉ, Luíza. *Dilma assina decreto de Garantia da Lei e da Ordem para o Rio.* Portal O Globo. Disponível em:<http://oglobo.globo.com/brasil/dilma-assina-decreto-de-garantia-da-lei-da-ordem-para-rio-12022760>. Acesso em: 26 jun. 2014.

DONEDA, Danilo. *Da privacidade à proteção de dados pessoais*. Rio de Janeiro: Renovar, 2006.

DÓRIA, P.; RODRIGUES L. *Segurança não justifica espionagem econômica.* Disponível em <http://oglobo.globo.com/pais/exercito-monitorou-lideres-de-atos-pelas-redes-sociais-9063915>. Acesso em: 9 dez. 2013.

DAILYTASK. *Tails: O sistema operacional mais protegido contra a NSA.* Disponível em: <http://dailytask.com.br/slide/tails-o-sistema-operacional-mais-protegido-contra-a-nsa/>. Acesso em: 9 ago. 2014.

ÉPOCA. *Julian Assange pode deixar embaixada do Equador nesta sexta.* Disponível em: <http://epoca.globo.com/tempo/filtro/noticia/2016/02/fundador-do-wikileaks-assange-pode-deixar-embaixada-do-equador-nesta-sexta-feira.html>. Acesso em: 6 fev. 2016.

ETZKOWITZ, H. *Reconstrução criativa da Hélice Tripla e Inovação Regional.* In: Revista Inteligência Empresarial, número 23. Rio de Janeiro: Editora e-papers, 2005.

EZEKIEL, Alan W. *Hackers, spies, and stolen secrets: protecting law firms from data theft.* In: Harvard Journal of Law & Technology Volume 26, Number 2 Spring 2013. Disponível em: <http://jolt.law.harvard.edu/articles/pdf/v26/26HarvJLTech649.pdf>. Acesso em: 14 jan. 2016.

FERNANDES, Jorge Ulisses Jacoby. *Contratação direta sem licitação.* 9. ed. Belo Horizonte: Fórum, 2012.

FERRAZ JÚNIOR, Tércio Sampaio. *Sigilo de dados*: o direito à privacidade e os limites à função fiscalizadora do Estado, Cadernos de Direito Constitucional e Ciência Política. São Paulo: Revista dos Tribunais, 1992.

FERRER, Rafael. *Exército usará antivírus brasileiro*. Disponível em: <http://info.abril.com.br/noticias/ti/exercito-usara-antivirus-brasileiro-01022012-8.shl>. Acesso em: 2 ago. 2015.

FOLHA DE SÃO PAULO. *China é acusada de hackear reunião do G20*. Disponível em: <http://www1.folha.uol.com.br/fsp/mundo/143297-china-e-acusada-de-hackear-reuniao-do-g20.shtml>. Acesso em: 12 dez.13.

FOLHA DE SÃO PAULO. *Dilma foi espionada pelos EUA, diz TV*. Disponível em: <http://www1.folha.uol.com.br/mundo/2013/09/1335522-dilma-foi-espionada-pelos-eua-diz-tv.shtml>. Acesso em: 7 fev. 2015.

FOLHA VITÓRIA. *Planalto decide ignorar denúncia de que Dilma continua sendo espionada*. Disponível em: <http://www.folhavitoria.com.br/politica/noticia/2015/02/planalto-decide-ignorar-denuncia-de-que-dilma-continua-sendo-espionada.html>. Acesso em: 7 fev. 2015.

FORÇAS TERRESTRES. *Osório: o MBT brasileiro que bateu o M1 Abrams*. Disponível em: <http://www.forte.jor.br/2008/09/21/osorio-o-mbt-brasileiro-que-bateu-o-m-1-abrams/>. Acesso em: 18 ago. 2015.

FUCHS, Christian. *Web 2.0, Prosumption, and Surveillance*. In: Surveillance & Society. vol. 8, no 3., 2011, Queen's University, Canada. Disponível em: <http://ojs.library.queensu.ca/index.php/surveillance-and-society/article/view/4165/4167>. Acesso em: 6 fev. 2016.

GARATTONI, Bruno; BADÔ, Fernando. *Vírus de computador se espalha pelo ar*. Disponível em: <http://super.abril.com.br/tecnologia/virus-computador-se-espalha-pelo-ar-787622.shtml>, consultado em: 9 ago. 2014.

GARCIA, Gabriel. *França quer fortalecer privacidade na rede para 'equilibrar forças'*. Disponível em: <http://info.abril.com.br/noticias/internet/2014/12/franca-quer-fortalecer-privacidade-na-rede-para-equilibrar-forcas.shtml>. Acesso em: 10 maio 2015.

GDDC. *Comentários Gerais do Comité dos Direitos do Homem*. Disponível em: <http://direitoshumanos.gddc.pt/2_1/IIPAG2_1_2_1_2.htm>. Acesso em: 26 jan. 2016.

GLOBONEWS. *EUA grampearam Dilma, ex-ministros e avião presidencial, revela WikiLeaks*. Disponível em: <http://g1.globo.com/politica/noticia/2015/07/lista-revela-29-integrantes-do-governo-dilma-espionados-pelos-eua.html>. Acesso em: 11 jul. 2015.

GOBERT, Muller. In: VAZ., L.G.D. *Políticas públicas*. Revista nova Atenas de educação e tecnologia. São Luiz do Maranhão: CEFET. 2007, vol. 10. n°. 1, jan./jun.

GRAÇA. Ronaldo Bach da. *Regulação da Guerra Cibernética e o Estado Democrático de Direito no Brasil*. Disponível em: <http://www.ndsr.org/SEER/index.php?journal=rdet&page=article&op=view&path%5B%5D=93&path%5B%5D=78>. Acesso em: 11/7/2015.

GUERRA, Sidney César Silva. *A liberdade de imprensa e o direito à imagem*. 2. ed. Rio de Janeiro: Renovar, 2004.

GREENWALD, Glenn. *Sem Lugar para se esconder*. Trad.: Fernanda Abreu. Rio de Janeiro: Sextante, 2014.

GROSSMANN, L.O. *Espionagem dos EUA já cancela projetos de computação em nuvem.* Disponível em: <http://convergenciadigital.uol.com.br/ cgi/cgilua.exe/sys/start.htm?infoid=34377#.UoqGqxrrzQs>. Acesso em: 18 nov. 2013.

HABERMAS, Jürgem. *Verdade e justificação:* Ensaios Filosóficos. São Paulo: Edições Loyola, 2004.

HARDING, Luke. *Os arquivos de Snowden.* Trad.: Bruno Correia e Alice Klesck. Rio de Janeiro: LeYa, 2014.

HARRIS, Shon. CISSP. Sixth Edition. USA: Mc Graw Hill, 2013.

HERMAN, SUSAN N. *Os desafios do crime cibernético.* Disponível em: <http://www.seer.ufrgs.br/index.php/redppc/article/view/46105/28721>. Acesso em: 8 jan. 2016.

HOBBES, Thomas. *Leviatã ou matéria, forma e poder de um Estado eclesiástico e civil.* Trad.: MONTEIRO, João Paulo; NIZZA, Maria Beatriz da Silva. São Paulo: Abril Cultural, 1984.

HOLLIS. Duncan B. *Why States Need an International Law for Information Operations.* Disponível em: <http://papers.ssrn.com/sol3/papers.cfm?abstract_id=1083889>. Acesso em: 10 fev. 2016.

IDC. *Os números do Facebook, dez anos após sua criação.* Disponível em: <http://exame.abril.com.br/tecnologia/noticias/os-numeros-do-facebook-dez-anos-apos-sua-criacao#5>. Acesso em: 26 jun. 2014.

IDOETA, Paula Adamo. *Como a Petrobras virou 'dor de cabeça' para governo e investidores.* Disponível em:<http://www.bbc.co.uk/portuguese/noticias/2014/03/140320_petrobras_governo_pai>. Acesso em: 7 fev. 2015.

INFOMONEY. *Comissão Europeia aconselha cidadãos a deixarem o Facebook.* Disponível em: <http://www.msn.com/pt-br/noticias/ciencia-e-tecnologia/comiss%C3%A3o-europeia-aconselha-cidad%C3%A3os-a-deixarem-o-facebook/ar-AAa71kh?ocid=mailsignoutmd>. Acesso em: 28 mar. 2015.

INTERPOL. *A global presence.* Disponível em: <http://www.interpol.int/Member-countries/World>. Acesso em: 19 nov. 2013.

ITALIA. *Decreto legislativo di 30 giugno 2003, n. 196. Codice in matéria di protezione dei dati personali.* Disponível em: <http://www.camera.it/parlam/leggi/deleghe/03196dl.htm>. Acesso em: 11 jul. 2015.

JORNALWEBDIGITAL. *Pesquisa Avast no Brasil e mais 10 países:* usuário prefere perder privacidade do que dados financeiros. Disponível em: <http://jornalwebdigital.blogspot.com.br/2015/12/pesquisa-avast-no-brasil-e-mais-10.html>, Acesso em: 14 jan. 2016.

KERN, Soeren. *O Parlamento francês aprova lei abrangente de espionagem de dados.* 6 de maio de 2015. Trad.: Joseph Skilnik. Disponível em: <http://pt.gatestoneinstitute.org/5715/franca-lei-espionagem>. Acesso em 7 maio 2015.

KESAN Jay P; HAYES Carol M. *Mitigative counterstriking:* self-defense and deterrence in cyberspace. In: Harvard Journal of Law & Technology Volume 25, Number 2 Spring 2012. Disponível em: <http://jolt.law.harvard.edu/articles/pdf/v25/25HarvJLTech429.pdf>. Acesso em: 14 jan. 2016.

KIM, Linsu. *Da imitação à inovação*: a dinâmica do aprendizado tecnológico da Coréia. Campinas: Unicamp, 2005.

LAWNER, Kevin J. *Post-Sept. 11th international surveillance activity*: a failure of intelligence: the echelon interception system & (and) the fundamental right to privacy in Europe. Disponível em: <http://heinonline.org/HOL/LandingPage?handle=hein.journals/pacinlwr14&div=22&id=&page=>. Acesso em: 7 fev. 2016.

LEMOS, Ronaldo, et al. *Estudio I*: Privacidade na Internet. Globonews. Exibido em: 30 maio 2012.

LYON, David. As *apostas de Snowden*: desafios para entendimento de vigilância hoje. Disponível em: <http://www.seer.ufrgs.br/index.php/redppc/article/view/52029/32055>. Acesso em: 8 jan. 2016.

MACHADO, H. B. *Curso de Direito Tributário*. São Paulo: Malheiros Editores, 2008.

MAGALHÃES, Guilherme A. Canedo de. *O abuso do poder econômico*: apuração e repressão. Rio de Janeiro: Artenova, 1975.

MALAWER. Stuart S. *Cyber Warfare*: Law and Policy Proposals for U.S. and Global Governance. Disponível em: <http://papers.ssrn.com/sol3/papers.cfm?abstract_id=1437002&download=yes>. Acesso em: 10 fev. 2016.

MANDARINO JUNIOR, Raphael; CANONGIA, Claudia. *Segurança cibernética*: o desafio da nova sociedade da informação. Disponível em: <http://seer.cgee.org.br/index.php/parcerias_estrategicas/article/viewFile/349/342>. Acesso em: 14 jan. 2016.

MARTINS, Elaine. *É hora de descobrir os segredos da computação quântica*. Disponível em: <http://www.tecmundo.com.br/computacao-quantica/2666-e-hora-de-descobrir-os-segredos-da-computacao-quantica.htm>. Acesso em: 13 fev. 2015.

MARZANO, Stefano; ARGANTE, Enzo. *Domare La Tecnologia*. Roma: Salerno Editrice, 2009.

MATSURA, Sérgio. *Brasil terá Escola Nacional de Defesa Cibernética*. Disponível em: <http://oglobo.globo.com/sociedade/tecnologia/brasil-tera-escola-nacional-de-defesa-cibernetica-15914957>. Acesso em: 6 fev. 2016.

MAZZUCATO, Mariana. *O Estado empreendedor*: desmascarando o mito do setor público vs. setor privado. Trad.: Elvira Serapicos. 1. Ed. São Paulo: Portifolio-Penguin, 2014.

MENDES, Gilmar Ferreira; BRANCO, Gustavo Gonet. *Curso de Direito Constitucional*. 9. ed. São Paulo: Saraiva, 2014.

MENEZES, Dyelle. *Ação para defesa cibernética recebeu apenas 31% do previsto ano passado*. Disponível em: <http://www.contasabertas.com.br/website/arquivos/530/>. Acesso em: 8 jun.14.

MENEZES, Rafael da Silva; ASSUNÇÃO, Linara Oeiras. *Os contornos jurídicos da proteção à privacidade no Marco Civil da Internet*. In: Governança das Redes e o Marco Civil da Internet: Liberdades, Privacidade e Democracia. Organizadores: Fabrício Bertini Pasquot Polido e Mônica Steffen Guise Rosina. Belo Horizonte: UFMG, 2015.

MIRANDA, Francisco Cavalcante Pontes de. *Tratados de Direito Privado*, 4. ed. São Paulo: Ed. Revista dos Tribunais, 1983. Tomo VII.

MORAES, Alexandre de. *Constituição do Brasil interpretada e legislação constitucional*. 5. ed. São Paulo: Atlas, 2005.

MORAES, Alexandre de. *Direitos Humanos Fundamentais*: Teoria Geral. Comentários aos arts. 1º a 5º da Constituição da República Federativa do Brasil. 9. ed. São Paulo: Atlas, 2011.

MOTTA, S. CDCIBER: *na guerra cibernética, Brasil adota estratégia do contra-ataque*. Disponível em: <http://www.defesanet.com.br/cyberwar/noticia/1632/cdciber---na-guerra-cibernetica--brasil-adota-estrategia-do-contra-ataque>. Acesso em: 16 fev.14.

MÜLLER, Friedrich. In: ALEXY, Robert. *Teoría de los Derechos Fundamentales*. Madrid: CEPC, 2001.

NASCIMENTO, Aline Tiduco Hossaka Molette. *Direito à vida privada e à intimidade do portador do HIV e sua proteção no ambiente de trabalho*. Curitiba: UFPR, 2009. Disponível em: <http://dspace.c3sl.ufpr.br/dspace/handle/1884/31089?show=full>. Acesso em: 26 jun. 2014.

NOTÍCIA MILITAR. EE-T1 Osório volta a ser fabricado. Disponível em: <http://noticiamilita.blogspot.com.br/2012/11/ee-t1-osorio-volta-ser-fabricado_16.html>. Acesso em: 18 ago. 2015.

OCDE. *Síntese das Diretrizes da OCDE para a Proteção da Privacidade e dos Fluxos Transfronteiriços de Dados Pessoais*. Disponível em: <http://www.oecd.org/sti/ieconomy/15590254.pdf>. Acesso em: 15 fev. 2015.

OLHAR DIGITAL. *Google quer entrar no corpo das pessoas usando a nanotecnologia*. Disponível em: <http://olhardigital.uol.com.br/noticia/google-quer-entrar-no-corpo-das-pessoas-usando-nanotecnologia/44909>. Acesso em: 14 fev. 2015.

OLIVEIRA, Carvalho Rezende Oliveira. *Licitações e contratos administrativos*: teoria e prática. 3. ed. Rio de Janeiro: Forense. São Paulo: Método, 2014.

OLIVEIRA, Eduardo Levi Chaves Barbosa de; SANTOS, Saulo Alex Santana; ROCHA, Fábio Gomes. *Software livre na auditoria e segurança da informação*: desenvolvimento de sistema operacional para perícia, auditoria, teste e gestão de segurança da informação. In: Anais 2014 da 16ª Semana de Pesquisa da Universidade Tiradentes: ciência e tecnologia para um Brasil sem fronteiras. Disponível em: <https://eventos.set.edu.br/index.php/sempesq/article/view/334>. Acesso em: 14 jan. 2016.

OLIVEIRA, James Eduardo. *Código Civil anotado e comentado*: doutrina e jurisprudência. Rio de Janeiro: Forense, 2009.

ONU. *Declaração Universal dos Direitos do Homem de 1948*. Disponível em: <http://www.ohchr.org/EN/UDHR/Documents/UDHR_Translations/por.pdf>. Acesso em: 7 fev. 2016.

Pacto Internacional sobre os Direitos Civis e Políticos, de 1966. Disponível em: <https://www.oas.org/dil/port/1966%20Pacto%20Internacional%20sobre%20Direitos%20Civis%20e%20Pol%C3%ADticos.pdf>. Acesso em: 14 fev. 2015.

PALMA, Gabriel. *Governo cria Grupo de Trabalho para Implementar Diretrizes da OCDE para multinacionais.* Disponível em: <http://memoria.ebc.com.br/agenciabrasil/noticia/2013-02-20/governo-cria-grupo-de-trabalho-para-implementar-diretrizes-da-ocde-para-multinacionais>. Acesso em: 11/7/2015.

PINHEIRO, Patrícia Peck. *Direito Digital.* 2. ed. São Paulo: Saraiva, 2007.

PELAJO, Christiane. *Governo da França anuncia medidas de combate ao terrorismo no país.* Jornal da Globo. Edição do dia 21 jan. 2015. Disponível em: <http://g1.globo.com/jornal-da-globo/noticia/2015/01/governo-da-franca-anuncia-medidas-de-combate-ao-terrorismo-no-pais.html>. Acesso em 7 fev. 2015.

PEROSA, Teresa. *O Brasil na era do terror.* In: Revista Época nº 920. São Paulo: Ed. Globo, 2016.

PIN, Sun Tzu Sun. *A arte da guerra.* Trad.: COTRIN, Ana Aguiar. São Paulo: Ed. Martins Fontes, 2002.

PMI. *Um guia do conhecimento em gerenciamento de projetos:* Guia PMBOK - Project Management Body of Knowledge, 5ª edição. São Paulo: Ed. Saraiva, 2014.

POPPER, Karl. *As aventuras da racionalidade.* (Org.) PEREIRA, Júlio César R. Porto Alegre: EDIPUCRS, 1995.

PORTAL G1. *Aprovação de lei contra terrorismo gera polêmica na França.* Disponível em: <http://g1.globo.com/jornal-nacional/noticia/2015/05/aprovacao-de-lei-contra-terrorismo-gera-polemica-na-franca.html>. Acesso em: 10 maio 2015.

PORTAL G1. *Canal de TV de oposição é retirado do ar na Venezuela.* Disponível em: <http://g1.globo.com/Noticias/Mundo/0,,MUL1460686-5602,00-CANAL+DE+TV+DE+OPOSICAO+E+RETIRADO+DO+AR+NA+VENEZUELA.html>. Acesso em: 30 jun. 2014.

PORTAL G1. *EUA vão interromper espionagem de líderes aliados, promete Obama.* Disponível em: <http://g1.globo.com/mundo/noticia/2014/01/obama-anuncia-reducao-do-poder-da-agencia-de-espionagem-dos-eua.html>. Acesso em: 9 ago.14.

PORTAL G1. *Petrobras foi espionada pelos EUA, apontam documentos da NSA.* Fantástico. Edição do dia 8/9/2013. Disponível em: <http://g1.globo.com/fantastico/noticia/2013/09/petrobras-foi-espionada-pelos-eua-apontam-documentos-da-nsa.html>. Acesso em 7 fev. 2015.

PORTAL G1. *Governo diz que já tem autorização para usar Exército nas ruas na BA.* Disponível em: <http://g1.globo.com/bahia/noticia/2014/04/dilma-assina-decreto-de-garantia-da-lei-e-da-ordem-para-ba-diz-governo.html>. Acesso em: 30 jun. 2014.

Portal G1. *Entenda o ataque à rede on-line do PlayStation 3, a PSN.* Tecnologia e Games. Disponível em: <http://g1.globo.com/tecnologia/noticia/2011/05/entenda-o-ataque-rede-line-do-playstation-3-psn.html>. Acesso em: 14 fev. 2015.

PORTAL O GLOBO. *Câmara francesa aprova lei de inteligência que libera espionagem ilimitada nas comunicações:* ed. de 5/5/2015. Disponível em: <http://oglobo.globo.com/mundo/camara-francesa-aprova-lei-de-inteligencia-que-libera-espionagem-ilimitada-nas-comunicacoes-16062176>. Acesso em: 07 maio 2015.

PORTAL DA HISTÓRIA. *Discurso de Abraham Lincoln*. Disponível em: <http://www.arqnet.pt/portal/discursos/novembro01.html>. Acesso em: 26 jun. 2014.

POZZOBON, Tanise; POZOBON, Rejane de Oliveira. *O que o Google sabe sobre você?* Primeiras observações sobre direcionamento de informações. In: Revista do programa de pós-graduação da Universidade Federal Fluminense no 32. Rio de Janeiro, UFF, 2015.

PREGÃO ELETRÔNICO DA PROCURADORIA GERAL DA REPÚBLICA nº 161/2014 e seu respectivo Edital. Pregão disponível mediante busca em: <www.comprasnet.gov.br>. Acesso em: 10 ago. 2015.

PREGÃO ELETRÔNICO DA RECEITA FEDERAL (RFB/COPOL) nº 17/2014 e seu respectivo Edital. Pregão disponível mediante busca em: <www.comprasnet.gov.br>. Acesso em: 10 ago. 2015.

PREGÃO ELETRÔNICO DA UNIVERSIDADE TECNOLÓGICA FEDERAL DO PARANÁ (SRP) nº 22/2014 e seu respectivo Edital. Pregão disponível mediante busca em: <www.comprasnet.gov.br>. Acesso em: 10 ago. 2015.

PREGÃO ELETRÔNICO nº 021/2014 da Secretaria de Administração da Prefeitura do Município de Osasco e seu respectivo Edital. Pregão disponível mediante busca em: <www.comprasnet.gov.br>. Acesso em: 10 ago. 2015.

PREGÃO ELETRÔNICO POR REGISTRO DE PREÇOS nº 134/2014 do Instituto Federal de Educação, Ciência e Tecnologia de Santa Catarina e seu respectivo Edital. Pregão disponível mediante busca em: <www.comprasnet.gov.br>. Acesso em: 10 ago. 2015.

PREGÃO ELETRÔNICO SPR Nº 31/2011 – Base Administrativa do CComGEx.

RAMÍREZ, Sergio García. *Considerações sobre terrorismo*. In: OLLOQUI, José Juan de (Coord.). Problemas jurídicos e políticos del terrorismo. México: Universidad Nacional Autónoma de México, 2004.

REDAÇÃO ÉPOCA. *Medo de espionagem aumenta venda de máquinas de escrever na Alemanha*. Disponível em: <http://epoca.globo.com/vida/noticia/2014/07/medo-bespionagemb-aumenta-venda-de-maquinas-de-escrever-na-alemanha.html/>. Acesso em: 09 ago. 2014.

REDAÇÃO G1. *Entenda o caso de Edward Snowden, que revelou espiongem dos EUA*. Disponível em: <http://g1.globo.com/mundo/noticia/2013/07/entenda-o-caso-de-edward-snowden-que-revelou-espionagem-dos-eua.html>. Acesso em: 16 fev. 2014.

REDAÇÃO INFO. *Microsoft abre centro para combater crimes cibernéticos*. Disponível em: <http://info.abril.com.br/noticias/internet/2013/11/microsoft-abre-centro-para-combater-crimes-ciberneticos.shtml>. Acesso em: 8 dez. 2013.

REDAÇÃO LINHA DEFENSIVA. *Exército Brasileiro investe R$ 6 milhões em segurança e guerra digital*. Disponível em: <http://www.linhadefensiva.org/2012/01/exercito-brasileiro-investe-r-6-milhoes-em-seguranca-e-guerra-digital/>. Acesso em: 2 ago. 2015.

REIS, Solange, et al. *Entre Aspas*: Privacidade na rede. GLOBONEWS. Exibido em: 11 jun. 2013.

REUTERS. *CIA tentou hackear iPhones desde os primeiros dias do aparelho, diz site*. Disponível em: <http://www.msn.com/pt-br/noticias/ciencia-e-tecnologia/cia-tentou

-hackear-iphones-desde-os-primeiros-dias-do-aparelho-diz-site/ar=-A9A5B1V?ocid-mailsignoutmd#fullstory>. Acesso em: 10/3/2015.

RIBEIRO, Gustavo. *A França e o direito de espionar*. Disponível em: <http://jota.info/a-franca-e-o-direito-de-espionar>. Acesso em: 9 maio 2015.

RIO GRANDE DO SUL. Lei nº 11.871, de 19 de dezembro de 2002. Utilização de programas de computador no Estado do Rio Grande do Sul. Lei nº 11.871/02. Disponível em: <http://www.al.rs.gov.br/legis/M010/M0100099.ASP?Hid_Tipo=TEXTO&Hid_TodasNormas=264&hTexto=&Hid_IDNorma=264>. Acesso em: 26 jan. 2016.

RODOTÀ, Stefano. *A vida na sociedade da vigilância*: A Privacidade Hoje, Org. Maria Celina Bodin de Moraes. Trad.: Danilo Doneda; Luciana Cabral Doneda. Rio de Janeiro: Renovar, 2008.

ROSSI, G. *Pubblico e Privatto nell'Economia di Fini Secolo*. Le Trasformazioni del Diritto Amministrativo. Milano: Giuffrè Editore, 1995.

SAMPAIO, José Adércio Leite. *Direito à intimidade e à vida privada*: uma visão jurídica da sexualidade da família, da comunicação e informações pessoais, da vida e da morte. Belo Horizonte: Del Rey, 1998.

SÁNCHEZ-OCAÑA, Alejandro Suárez. A verdade por trás do Google. Trad.: Sandra Martha Dolinsky. São Paulo: Planeta, 2013.

SANTINI, José Raffaelli. *Dano Moral*. Campinas: Millennium, 2002.

SARAVIA, Enrique. *Política pública, política cultural, indústrias culturais e indústrias criativas*. In: Plano da Secretaria da Economia Criativa: políticas, diretrizes e ações, 2011 - 2014. Brasília: Ministério da Cultura, 2011.

SARLET, Ingo Wolfgang. *Dignidade da Pessoa Humana e Direitos Fundamentais na Constituição Federal de 1988*. 6. ed. Porto Alegre: Livraria do Advogado, 2008.

SASSINE. V. *Exército monitorou líderes de atos pelas redes sociais*. Disponível em: <http://oglobo.globo.com/pais/exercito-monitorou-lideres-de-atos-pelas-redes-sociais-9063915>. Acesso em: 8 dez. 2013.

SCHUARTZ, Luís Fernando, et al. *Direito da Concorrência*. Nota de Aula do Curso LLM-5 de Direito Empresarial. Rio de Janeiro: FGV, 2015.

SCHELL, Bernadette H. *Internet censorship*: a reference handbook. Oxford: ABC-CLIO, 2014.

SEMITSU. Junichi P. *From Facebook to Mug Shot: How the Dearth of Social Networking Privacy Rights Revolutionized Online Government Surveillance*. Disponível em: <http://papers.ssrn.com/sol3/papers.cfm?abstract_id=1782267>. Acesso em: 14 fev. 2016.

SENADO FEDERAL. *Inimigos invisíveis*: a guerra cibernética. Disponível em: <http://www.senado.gov.br/noticias/Jornal/emdiscussao/defesa-nacional/razoes-para-a-implementaao-da-estrategia-nacional-de-defesa/inimigos-invisiveis-a-guerra-cibernetica.aspx>. Acesso em: 6 fev. 2016.

SEVERIANO, Alan. *Obama faz vídeo para incentivar cadastramento no programa de saúde.* Jornal Hoje. Disponível em: <http://glo.bo/1F63APa> Acesso em: 13 fev. 2015.

SILVA, José Afonso da. *Curso de direito constitucional positivo.* 37 ed. São Paulo: Malheiros. 2014.

SOGHOIAN, Christopher; PELL, Stephanie K. *Your secret stingray's no secret anymore: the vanishing government monopoly over cell phone surveillance and its impact on national security and consumer privacy.* In: Harvard Journal of Law & Technology Volume 28, Number 1 Fall 2014. Disponível em: <http://jolt.law.harvard.edu/articles/pdf/v28/28HarvJLTech1.pdf>. Acesso em: 14 jan. 2016.

SOTO, César. *O mundo contra os hackers.* In: Revista ISTOÉ. ed. 21 jan. 2015, nº 2.355. São Paulo: Três, 2015.

SOUZA, Beatriz. *Dilma continua sendo espionada pelos EUA, diz NY Times.* Disponível em: <http://exame.abril.com.br/brasil/noticias/dilma-continua-sendo-espionada-pelos-eua-diz-ny-times>. Acesso em 7 fev. 2015.

SNOWDEN, Edward. *Milênio*: Sonia Bridi entrevista Edward Snowden. Disponível em: <http://globotv.globo.com/globo-news/milenio/v/milenio-sonia-bridi-entrevista-edward-snowden/3389933/>. Acesso em: 8 jun. 2014.

SUNDFELD, C. A.; Vieira, O. V. *Direito global.* São Paulo: Max Limonad, 1999.

TAVARES, André Ramos. *Direito Constitucional Econômico.* 3. ed. São Paulo: Método, 2006, vol. 1.

TAVARES, André Ramos. *Direito Constitucional da Empresa.* Rio de Janeiro: Forense, 2013.

THEODORO JÚNIOR, Humberto. *Dano Moral.* 1. ed., São Paulo: Oliveira Mendes, 1988.

THE US-CHINA ECONOMIC AND SECURITY REVIEW COMISSION. *Capability of the people's Republico f China to conduct cyber warfare and computer network exploitation.* McLean: Northrop Grumman Co., 2009.

TERRA TECNOLOGIA. *Saiba como funciona o controle da internet na China.* Disponível em: <http://tecnologia.terra.com.br/saiba-como-funciona-o-controle-da-internet-na-china,57182d8e6545b310VgnCLD200000bbcceb0aRCRD.html/>. Acesso em: 9 ago. 2014.

VALOR ECONÔMICO. *FBI não encontra indício de ataque cibernético em falha na Bolsa de NY.* Disponível em: <http://www.valor.com.br/financas/4127214/fbi-nao-encontra-indicio-de-ataque-cibernetico-em-falha-na-bolsa-de-ny>. Acesso em: 9 jul. 2015.

VERVAELE, JOHN A. E. *A legislação anti-terrorista nos estados unidos: um direito penal do inimigo?* Disponível em: <http://www.seer.ufrgs.br/index.php/redppc/article/view/52029/32055>. Acesso em: 8 jan. 2016.

VILICIC, Filipe. A Guerra entre a Apple e o FBI. *Revista Veja*, ed. 2466. São Paulo: Abril, 2016.

VILICIC, F. Por uma Web Sem Censura. *Revista Veja*, ed. 2351. São Paulo: Abril, 2013.

WATERS, Richard. *Google acata decisão da União Europeia sobre privacidade*. Disponível em: <http://www1.folha.uol.com.br/mundo/2014/05/1462454-google-acata-decisao-da-uniao-europeia-sobre-privacidade.shtml>. Acesso em: 6 set. 2014.

WIMMER, M.; Pieranti, O.P. e Aranha, M.I. (2009) O *paradoxo da internet regulada*: a desregulação dos serviços de valor adicionado no Brasil, Revista de Economía Política de las Tecnologías de la Información y Comunicación.Vol. XI, n. 3, Sep.- Dic./2009.

wikileaks.org

WU, Tim. *Impérios da comunicação*: do telefone à internet, da AT&T ao Google. Trad.: Cláudio Carina. Rio de Janeiro: Zahar, 2012.

YANG, Steven; CHEN, Lulu Yilun. *Governo da China não quer mais os MacBooks e iPads da Apple*. Disponível em: <http://exame.abril.com.br/tecnologia/noticias/governo-da-china-nao-quer-mais-os-macbooks-e-ipads-da-apple/>. Acesso em: 9 ago. 2014.

ZIMMERMANN, Phil. *Por que você precisa do PGP?* Disponível em: <http://www.pgpi.org/doc/whypgp/br/>. Acesso em: 9 ago. 2014.

Tipografia | Lora e Playfair Display

Papel | Off Set 80 g/m²

Impressão | Teixeira Impressão Digital e Soluções